THE CONNECTOR MANAGER

WHY SOME LEADERS BUILD EXCEPTIONAL TALENTAND OTHERS DON'T

联结型管理者

[美] 杰米·罗卡（JAIME ROCA）
[美] 莎莉·王尔德（SARI WILDE）　著

用友网络科技股份有限公司 译

中信出版集团 | 北京

图书在版编目（CIP）数据

联结型管理者 /（美）杰米·罗卡,（美）莎莉·王
尔德著 ; 用友网络科技股份有限公司译 . -- 北京 : 中
信出版社 , 2020.11
书名原文 : THE CONNECTOR MANAGER: WHY SOME
LEADERS BUILD EXCEPTIONAL TALENTAND OTHERS DON'T
ISBN 978-7-5217-2302-1

Ⅰ . ①联… Ⅱ . ①杰… ②莎… ③用… Ⅲ . ①管理学
Ⅳ . ① C93

中国版本图书馆 CIP 数据核字（2020）第 204069 号

联结型管理者

著　者：[美]杰米·罗卡　[美]莎莉·王尔德
译　者：用友网络科技股份有限公司
出版发行：中信出版集团股份有限公司
　　　　　（北京市朝阳区惠新东街甲 4 号富盛大厦 2 座　邮编　100029）
承 印 者：北京诚信伟业印刷有限公司

开　本：880mm×1230mm　1/32　　印　张：7.25　　字　数：200 千字
版　次：2020 年 11 第 1 版　　　　印　次：2020 年 11 月第 1 次印刷
京权图字：01-2020-1839
书　号：ISBN 978-7-5217-2302-1
定　价：58.00 元

献给我们的团队
是你们的支持、质疑和激励使我们成为更好的管理者

推荐序

在充满不确定性的全球经济下行的背景下，数字经济对于带动全球经济复苏有着非常重要的意义。近年来，以人工智能、区块链、可信计算、边缘计算、云计算、物联网等为代表的技术集群迅猛发展，数字经济呈现"核聚变"式爆发的态势。

2020 年是不寻常的一年，是充满机遇与挑战的一年。伴随新冠肺炎疫情的全球暴发，数字化商业加速发展，商业创新在充满不确定性的环境中被提上新高度。在数字经济时代，信息技术在企业应用中已然进入数字化、智能化的新发展阶段，越来越多的企业开始聚焦通过数字化商业创新来构建发展和竞争优势。

在数字技术驱动下，商业创新正走下神坛。商业创新不再是仅限于企业高管或专业团队的高阶工作，企业的普通员工正逐渐成为业务流程变革与创新的倡导者，一线业务主管正逐步成为企业管理创新、制度创新或者业务创新的推动者。

与此同时，数字化转型是一项需要企业倾尽全力的事业，是技术驱动的管理变革与业务创新过程，是一项需要循序渐进的长期变革的过程，需要企业高层充分参与、全力推动，需要从战略、文化、组织、人才、技术等多维度着手开展。

成功实现企业数字化转型，离不开组织的数字化转型。麦肯锡的一项研究表明，全球超过七成的企业数字化转型项目几近失败。而在导致转型失败的原因中，非常关键却又容易被忽视的一点是，组织方面的支撑能力不足。

变革传统的组织架构，打破传统的利益分配机制，重塑传统的组织运行模式，构建扁平化、进化型的新型组织，赋能员工与合作伙伴，激发组织活力，激发员工创造力以及生态协同创新力，是企业数字化转型过程中企业高层管理者需要着力解决的难题。

然而，在《联结型管理者》一书中，我们可以为这一难题找到一个完美的答案。作者以数字化的视角，重新思考管理者的角色与定位，并提出：联结型管理者的关键职能在于员工联结、团队联结、组织联结，将组织打造成联结型组织，从而打造业绩更好、敬业度更高、效率更高的团队，帮助企业打造适应当下和未来持续发展的组织能力。

数字经济的浪潮势不可当，企业已成为时代变革的主角，企业各级管理者成为推进数字化转型的中坚力量。构建平台型、联结型组织，成就联结型管理者，秉持"智慧协同、赋能员工、激活组织"的人才管理理念，率先实现数字化人才管理的企业，将受益于组织数字化强大的支撑，必将在数字化转型的浪潮中占得先机。

王文京

用友网络科技股份有限公司董事长

引 言

旧金山，当地时间星期三下午3点21分，玛塔·罗梅罗从密集的会议安排中暂时抽身，精疲力竭地回到办公室。按照原定计划，9分钟后她便要和直接下属乔恩·戈柏碰面，探讨他负责的一个新系统开发项目遇到的困难。罗梅罗做了一个深呼吸，倍感困扰——她已经很久不用亲自负责系统开发的相关事宜了，也没有新的专业知识能给乔恩提供帮助。她瞥了一眼越来越长的待办事项列表，机械地按下了电脑启动键，不出意料，映入眼帘的是32封新邮件。因为不具备相关的知识技能，罗梅罗感到很难在处理自己的工作和指导下属完成他们的项目之间取得平衡。她略加思索，纠结是否要再一次推迟和戈柏的会面，而在这个月早些时候，会面已经推迟过一次了。

世界各地的管理者每天都在面临与罗梅罗相似的困境。各方的期待和需求无止境地增长，但这些既定安排却永远要为其他突发的或所谓更重要的紧急任务让路。指导下属等一系列待办事项则因为忙着四处救火变成了可望而不可即的愿望清单。几乎所有的管理者都明白，处理事情终究是要有些取舍，但应该放弃什么呢？

和罗梅罗一样，很多管理者往往会把指导和反馈等对话与互动工作搁置一旁。除了时间安排的限制外，员工工作内容的深度和广度也在日益增加，这也让管理者愈加感到束手无策，直接导致他们无法像以前那样得心应手地提供正确的指导。这使得他们更倾向于以优先处理其他紧急事务为由不断推迟或取消应该做的指导工作，或者被迫在自己不擅长的领域敷衍了事。

迄今为止，罗梅罗的职业发展还是十分成功的。在这家中型科技公司，她从独立的软件开发人员层层晋升为30人团队的管理者，因而，她更清楚自己成功的关键是帮助团队实现独立运转。她也明白，与其将一些工作交给别人，不如自己亲自来做，即便代价是暂时搁置那些不断涌现的新任务，直到她能腾出手参与其中。状态好的时候，罗梅罗是团队的主心骨，作为行业专家和员工的顾问，她能在各项任务中火力全开。状态不好的时候，她会因为无法为员工提供所需的指导而心怀愧疚地离开办公室。

作为高德纳公司的研究咨询专家，我们每年花费数百小时与全球高管对话，一直以来收到的反馈均强调对管理者的培养至关重要。我们明白，无论是在何种规模的组织、何种行业以及何种地域中，管理者的能力对员工的表现、敬业度和经营结果都会产生巨大的影响，而各个公司也在通过培训、培养和科技导入等方式斥巨资提升管理者的水平。但实际上，这些投资的结果并不尽如人意，我们的数据始终表明，管理者在如今高速运转且持续发展的环境中越来越难以胜任。

但这并不是问题的全部。我们的研究还表明，全球的管理者都在试图全方位满足所有人的需求。随着员工的工作日趋复杂且愈加具有挑战性，管理者的作用自然更是如此。作为管理者，我们对此感同身受。同时，组织结构在快速变化，科技在改变遍布全球的团队之间的协作方式，领导团队所需的技能也在相应地飞速发展。员工会因为感到难以应对而更加依赖他们的管理者和所在组织或企业的支持。我们也看到许多公司对此做出了尝试和探索，包括开展持续的培养和绩效反馈活动，并要求管理者投入更多时间为所有员工的长期发展提供助力。然而，管理者和领导者也意识到，这些项目并没有带来他们想要的结果。管理者会因此感到不堪重负，无法持续而有效地满足所有员工各方面的需求。

通过深入研究，我们发现了一种更好的解决方法。联结型管理者不必全方位地满足所有人的需求，也不必成为所有问题答案的来源，而是能够提供一个更具启发性的选项。这一方式不仅能为员工提供所需要的关键指导和培养，也能为分身乏术的管理者减轻压力，从而更好地解决问题。想象一下罗梅罗再次面对她一直抗拒的与下属乔恩·戈柏的会面，而这次，她具备了解决所有问题的能力和信心。如果她能够快速明白并准确定位戈柏所面临的具体挑战，并且帮他找到有能力解决该问题的人来提供帮助，那么就能为自己和戈柏以及他们所在的团队带来圆满的结果，而在当前情景下，罗梅罗只是感到忧心忡忡、不堪重负，并且很可能因为不得不做却又不够专业，或者并没有经过充分考虑而给戈柏提供了糟糕的建议。

在本书中，我们会为管理者送上一份指导和培养员工的全新进阶指南。在第一章中，我们会阐述不同级别、行业或地域的管理者在指导和培养员工时经常采用的四种方式。第二章则探讨为什么时刻待命型管理者往往事倍功半，并不能像预期的那样提升员工绩效。第三章会揭示联结型管理者是如何另辟蹊径，实现团队绩效的显著提升的，而接下来的三章则告诉你如何成为一个联结型管理者，在这一部分，我们将结合调查研究以及无数联结型管理者的真实案例来进行说明。最后，我们将总结如何通过吸引和培养联结型管理者打造一个联结型组织或联结型企业，以及高层领导者应该如何利用他们在组织中的影响力成为超级联结型管理者，以此构建相应的制度，培养更多的联结型管理者。

无论你是踌躇满志的新任管理者，还是具备几十年管理经验的管理达人，此书都会使你有所精进并为你所在的组织培养更多的联结型管理者。而这些联结型管理者又会打造出业绩更好、敬业度更高、效率更高的团队，这无疑是所有管理者期待的结果。我们写作此书的最初动力正是希望自己能够更好地管理团队。我们很乐于分享我们的研究成果、所见所闻和新的管理手段，以便管理者能将其运用在实际工作中并成为最优秀的管理者。

杰米·罗卡，莎莉·王尔德

2019 年 4 月 10 日

目　录

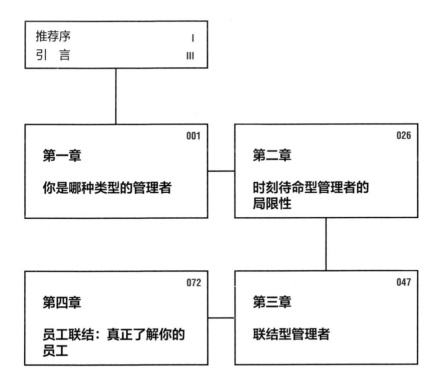

推荐序　　　　　　　　　　I
引　言　　　　　　　　　　III

001
第一章

你是哪种类型的管理者

026
第二章

时刻待命型管理者的
局限性

072
第四章

员工联结：真正了解你的
员工

047
第三章

联结型管理者

第五章 099

团队联结：将成长变成
团队共识

第六章 125

组织联结：质比量更重要

结 论 168

成为超级联结型管理者

第七章 145

创建联结型公司

注 释 175

附录一 联结型管理者行动计划 187

附录二 测试：你是哪种类型的管理者 190

附录三 联结型管理者工具包 195

致 谢 205

译后记 211

第一章
你是哪种类型的管理者

与其坚持错误观念，不如及时做出转变。[1]

——苏格拉底，希腊哲学家

营救野猪足球队

2018 年 7 月 2 日星期一，一位专业洞穴潜水员下潜到了泰国与缅甸交界处的一个地下洞穴腹地。当把头探出浑浊的水面时，他发现黑暗中有 13 双满怀期盼的眼睛正盯着他。一种难以抑制的兴奋之情涌遍全身，他终于找到了野猪足球队的被困者。10 天前，12 个小男孩和他们 25 岁的教练在进入长达 6 英里①的睡美人山洞探险时，被突

---

① 1 英里=1 609.344 米。——译者注

降的暴雨引发的洪水困在了洞穴中。[2] 他们挤在一处被称为芭提雅海滩的地势稍高的区域——一个被水包围的岩脊上——才幸免于难，然而，此地距离洞穴主入口尚有约 1 英里之遥。[3] 全世界的目光都集中在这场国际救援上，当洞穴潜水员在洞穴主入口与野猪足球队的避难所之间发现一条长达 2 英里的被洪水淹没的狭窄通道，并宣告 13 个遇险人员全部幸存的消息时，所有人都松了一口气。

然而，远没有到庆祝的时刻。洞穴依旧被洪水淹没，13 个人还在焦急地等待救援。搜寻和救援行动往往都是时间紧、风险高，此次泰国洞穴救援更是如此。遇难人员数量之多（很多孩子根本不会游泳，更不用说潜水了），天气条件变化之快，几乎不能通航的洞穴构成的地下迷宫之复杂，均需要专业潜水员之间密切配合。[4] 救援人员试图利用季风雨的短暂间隙采取行动，随即开始进行洞穴排水。然而，一整天的强降雨足以让他们前功尽弃，洞穴中很多地方会再次被浑浊的水淹没，潜水员感觉像是在咖啡中游泳一样。[5] 随后，泰国皇家海军海豹突击队前队员沙曼·库南在沿救援路线放置氧气罐的任务中不幸牺牲，这让救援形势越发糟糕。他在执行任务过程中因氧气耗尽而身亡，这也直接证明了，需要携带潜水设备的救援行动是多么危险。[6] 一刻不停的排水工作初见成效，洞穴中有了部分可供行走的空间，但营救的关键依然在于男孩们在毫无潜水经验的情况下是否能通过水肺设备进行呼吸。[7] 经过救援人员不分昼夜地往返作业，在被困洞穴 18 天后，男孩们和他们的教练奇迹般地获救。[8]

营救工作的日日夜夜体现了全球合作的力量，野猪足球队队员和他们的教练因此免于葬身深水之中。在全世界屏息以待的过程中，几个关键因素起到了决定性的作用：受困的野猪足球队队员和他们的教练在艰苦的环境中仍然顽强求生；牺牲的海豹突击队前队员用生命保障了后续潜水员的备用氧气装置；当然，泰国皇家海军、本地志愿者，以及来自美国、中国、英国和澳大利亚的志愿团队也做出了巨大贡献。然而，有一个最容易被大家忽略的角色——负责协调救援行动的清莱府 ① 府尹纳隆萨·奥索塔纳坤先生——在营救活动中起到了至关重要的作用。

很少有管理者会面对像泰国洞穴营救这样的生死时刻，但全球的管理者都需要处理复杂的、紧急的全新情况并取得更好的结果。管理者的基本使命便是通过协调其他人来处理越来越多的复杂问题并取得最佳成效。与管理工作中的动态因素相比，泰国洞穴营救任务中的动态因素可能显得不同寻常，但奥索塔纳坤府尹的角色和我们大抵相同，也是一个协调、激励并指导团队的管理者。他能够协调关键信息的上传下达并高效地保障和调度重要资源。尽管奥索塔纳坤府尹本可以利用泰国皇家海军海豹突击队这一最直接的资源，但他却选择了另一种方式。我们在后文中会更详细地介绍他如何通过冷静分析潜水队的能力以及利用自己可支配的人力资源来尝试其他可行的救援方案，进而成功组织了这场几乎不可能完成的救援任务。

---

① 泰国北部边境的府，西北与缅甸接壤，东北与老挝为邻。——译者注

日趋复杂的管理

如今全世界大概有 1.6 亿名需要通过提升他人绩效从而完成工作的管理者，而管理工作中的障碍往往就出现在"他人"这部分。[9] 人天生就不完美、固执己见且时常情绪化。糟糕的时候，管理一群人就像驯猫一般无计可施，而顺利的时候，管理者便是组织与员工之间的关键桥梁，能将组织战略转化为具体措施。不管你管理的是《财富》100 强公司、政府机构还是小企业，或者管理状态如何，我们发现，如今大部分的管理者都感到过度劳累、不堪重负并且没有得到足够的重视。[10]

作为管理者，不可避免地要面对各种挑战。这项工作的核心便是需要同时应对多项繁重的任务，包括培训新员工、沟通绩效标准、发现员工技能差异、推动在岗培训、开展职业交流等。管理者需要将这些职责纳入日常工作中，这就意味着，他们比其他同事更加忙碌，同时还要应付各种会议。此外，管理者还要随时处理员工的紧急或突发状况和工作难题，总的来说，他们的一天并不完全属于自己。

如果这些还不足够，那么以下三种持续存在的变化更是为管理者不断增长的工作量增添了更多的复杂性。

首先，宏观经济的变幻莫测使得管理工作更加艰难。管理者原本要竭力应付越来越多的任务，而一些关键的宏观经济变动大大增添了其困难程度。当今国际贸易关系日趋紧张，各国重大政治变动不断，经济周期放缓且更加动荡。正如一位管理者所言："作为管理者，由于外部的经济和政治因素影响着我们的公司战略，我们面临着比以往更频繁的变革和调整的需求。"

其次，工作的关联性更强了。自 2008 年金融危机以来，许多组织变革为扁平化结构，试图通过减少管理层级来节约管理成本。[11] 管理者的掌控范围也在不断扩大，即便在经济再度恢复增长后，这种组织模式也保留了下来。[12] 如今，典型的管理者会带领一个 9 人团队，而这些员工掌握着比管理者所能了解到的更多的业务关系。[13] 因为当前的公司更趋于矩阵化，员工和管理者一样，不仅要快速地完成任务，还要擅长与更多人合作并为更多人服务。

最后，工作的可预见性降低了。在过去的三年间，各组织平均经历了 5 次公司级的巨大变革，可能包括组织或领导层的变更、合并或收购。[14] 我们可以断言，在可预见的未来，公司进行变革的速度只会越来越快。在工业经济时代，个体处于固定的层级中，被分配给可预测的工作内容并完成各自的任务，如今，这种模式一去不复返了。当前的工作更加动态多变，时间跨度更短，这迫使管理者不断调整计划，持续优化工作流程。

这些变化对管理者的直接影响是，如今他们必须承担更广泛、更复杂的职责。以南非一家同时进行了劳动力和数字化变革的大型博彩公司为例，该公司的发展吸引了越来越年轻和多样化的劳动力，而长期任职的管理层则越来越少。正如该公司学习与发展部经理史蒂夫·豪厄尔所描述的，"二三十年前赌场的一台老虎机只是一个机械设备，而现在则是一台电脑……我们现在 90% 依赖技术能力。要想在博彩业或酒店行业成为一个优秀的管理者，你必须精通技术"。换言之，赌场的管理者面临的挑战令人望而却步，不仅自己要学习新技术，也要指导团队掌握新技能。

IBM（国际商业机器公司）在不断变革其产品形态和业务模式的过程中也面临着类似的挑战。当我们同 IBM 领导力与学习发展部副部长杰森·特鲁吉洛交流时，他告诉我们，公司有一半的收入来自 5 年前根本不存在的业务。这也意味着，他要让 IBM 的 35 万多名员工为未来所需的技能做好准备，并重新规划他们的工作方式以推动创新和提高客户参与度。这种持续的大规模组织变革不仅仅影响业务的运作方式，也是员工取得成功所需技能以及管理者实施有效管理所需技能的大规模持续转变的驱动力。

管理者的新使命

管理者除了要应对自己在职责转变过程中感受到的压力，还要对那些担心自己的技能脱节的员工做出回应。事实上，随着数字化和组织转型带来的变化，员工已将技能提升的需求作为首要关切。在最近开展的一项调查中，我们询问了全球 7 000 多名员工如何合理应对变革，得到最多的两个答案是"需要更好地提升技能"和"需要更高的工作效率"。[15] 随着科技创新与企业工作流程的结合日益密切，人工智能和新技术不仅对员工的技能提出了新要求，也使公司运营方式发生了转变。当我们询问员工，他们能取得今日的成就所依赖的最关键的技能是什么，以及他们认为使用这些技能的效率如何时，70%的人告诉我们，事实上他们尚未掌握当前工作所需的技能（见图1）。[16]

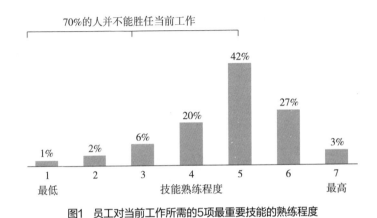

图1 员工对当前工作所需的5项最重要技能的熟练程度

让我们停下来想一想这些数据。这说明很大一部分员工并不能胜任他们的工作。因此，帮助员工为当前和未来所需的技能做好准备至关重要，我们把这一度量指标称为技能准备度。技能是员工完成工作并定义未来角色的通行证。当员工具备高技能准备度时，组织的绩效自然会更好。事实上，提升员工技能准备度能帮助组织更快地利用内部人才以缩小人才差距。相较于低技能准备度的员工，具备高技能准备度的员工的绩效会提升45%，主动性会提升51%，敬业度会提升45%。[17]

为什么员工的技能准备度与管理者息息相关？数字化在工作和改变员工所需技能方面的滚雪球效应为管理者增添了一项新职责，即成为员工实时技能提升的重要资源，从而满足其当前和未来的技能需求。公司内的沟通和培训都要经由管理者完成，这使他们成为实施变革的渠道，所以，全球大部分组织开始对提供持续的指导和培养这一任务给予高度关注也就不足为奇了。而我们的研究也表明，相较于良好的项目管理和战略沟通等，管理者的其他活动，如指导和培养对员工绩效有更大的影响，因此，这些关注是有道理的。[18] 我们同时发现，若员工对反馈有所思考和行动，则给予员工反馈也能够起到提升绩效的作用。[19]

高级主管往往要求管理者提供更多指导以保证员工和组织不断进步。事实上，当我们在调查中问人力资源主管"管理者如今应该在多大程度上提供指导"时，他们普遍认为，管理者应投入多达30%的时间对员工进行指导和培养。[20] 这一标准可以说十分苛刻了。在动荡频发的国际环境中，管理者真的可以做到比每一个直接下属都领先一步或者采取更多措施吗？美国农民联盟互助保险协会（NFU Mutual）集团人才和领导力部主管约翰·威尔逊在我们的一次访谈中这样描述他所面临的挑战，"随着时间的流逝，人们对管理者的期望大幅提升。他们被要求领导和倡导变革，又被要求日常业务经营不受干扰或不能停顿，以及应对日益增加的外部监督并指导和培养团队。因此，从管理者的角度来看，如何最合理地管理时间和事项优先级变得越来越困难"。当我们调查管理者实际用于指导下属的时间时发现，这大概仅占他们全部时间的10%，这恰恰与企业领导者的设想大相径庭。[21] 领导者要求管理者进行更多的指导，为的是帮助员工适应工作的动态需求并提高业务整体的人才和财务绩效。但他们认为，管理者应当花费在培养下属方面的时间和实际结果之间的差距是一个无法克服的难题。

更糟糕的是，虽然全世界的公司都投入了大量的时间和资金来支持管理者提供更多的反馈和培养，但管理者的素质却停滞不前。实际上，在我们的调查中，近一半的管理者表示他们没有信心使员工具备当下工作所需的技能。[22] 不仅如此，随着对管理者工作的期待越来越高，他们能够用于培养员工的时间也越来越少。在我们的调查中，55%的管理者认为绩效管理过于浪费时间。[23] 不出所料，当我们与我们所服务的客户的人力资源主管分享这些数据时，他们往往会就管理者在培养团队和员工方面的角色大倒苦水，并最终归结为一句"没办法，职责所在"。当然，最优秀的商业领袖几十年前就已经明白人员管理需要花费更多的时间和精力。1957年《哈弗商业评论》上一篇题为"令人不安的绩效评估初探"的文章就这样表达了对正式绩效管理的期望："有一项不可避免的成本：管理者必须花费更多的时间来实施（绩效管理）项目……动辄花费几天时间与每个人一起初步设定其职责和目标并不稀奇。同样，阶段性评估也需要几个小时而不是仅仅20分钟。"[24] 如果我们考虑到管理者几乎无一例外还有自己的工作要完成，这种对管理者指导职责的期望（至今仍然如此）就变得十分复杂了。如今的管理者该如何应对所有这些不断增长和变化的需求？最成功的管理者又有什么不同之处呢？

关于本研究

作为高德纳公司人力资源研究和咨询部门的负责人，我们直接感受到了我们的客户对"管理者培养"这一主题日益增长的兴趣。"管理者培养"始终不易推进，所以，起初我们对是否能提出新的观点持怀疑态度。然而，当一系列事件影响到我们自身的角色时，我们开始坚信管理方式确实在发生转变。2017年年初的一天早晨，我们醒来的时候就收到一封电子邮件，宣布我们之前的公司CEB①将被出售给高德纳。此前没有一个人预料到这次收购，而这一消息意味着我们公司的规模将扩大一倍。在宣布并购的最初几天里，一切都晦暗不明，员工和我们都焦虑不安。作为管理者，我们立刻发现沟通变得困难了。于是我们开始分头和那些因担忧自己的职位会发生改变而情绪波动的员工进行沟通。尽管我们自己也因为不确定的未来而感到不安，但我们仍然希望成为团队中稳定人心的角色。在疏导我们自己的疑虑和恐惧的同时，我们也要消除团队成员的忧虑，这给我们的管理技能带来了严峻的考验。

同时，我们也反思了这项并购如何影响了我们的指导和培养职责。对杰米而言，他从管理几个团队变为管理一项大的业务，这必然需要全新的统筹协调和沟通技巧。而莎莉也开始管理更多元化的员工，他们来自不同的国家和地区，拥有不同的技能和职业期望。

在如今的工作环境中，有效管理员工确实更加困难了。我们的下一步是重新检视传统观念下对管理者的定义。我们研究的核心问题是：

---

① 全称为Corporate Executive Board，是一家总部位于弗吉尼亚州阿灵顿的提供商业调研与分析的公司，其主要服务包括人力资源、销售、财经和法律相关的研究与分析。2017年1月5日，高德纳以价值26亿美元的现金和股票收购CEB。——译者注

在如今的工作环境中，最好的管理者是如何培养和指导员工的？

在完成研究构思后，我们开始进行广泛的调查。我们需要一个庞大的、全球性的、多样化的数据集来发现一些有可能超越行业、地域和管理者职位限制的见解。为此，我们对全球 9 000 多名员工和管理者展开了调查，涵盖了 6 个不同区域 25 个行业的 18 种不同职责。我们的调查目标是评估管理者对员工的培养方式（如这些指导互动的频率和质量）并确定其对员工绩效的影响。在高德纳公司，我们将"绩效"定义为员工通过完成个人任务、支持他人的工作和基于他人的支持所实现的结果。我们将这一度量标准称为企业贡献。[25]

调查的部分目标是从多个方面尽可能多地收集定量和定性信息，我们收集到了如下内容：

- 管理者对工作环境的看法，包括他们如何分配时间，他们的掌控范围以及与员工培养相关的互动；
- 员工对自身发展以及管理者日常培养活动的有效性的看法；
- 企业领导者（200 余家来自公共部门和私营部门的组织机构）对组织特点、预算和优先事项、绩效管理战略以及对管理者的期待和支持等方面的看法。

鉴于我们的调查结果清楚地表明，管理者需要满足太多不同的要求，我们决定将调查分析的重点放在管理者在指导员工时所做的实际工作上。为了分析这些活动，我们的量化团队对 89 个管理者培养员工的行为进行了多维度数据分析，以确定不同的管理方法。我们测试了管理者与员工见面的频率，他们在交流中的行为，他们给出建议的类型以及许多其他活动。

我们的发现令人惊讶。调查结果不是简单地告诉我们一些管理者表现得还可以，而另一些却不尽如人意，而是从统计学方面呈现出了截然不同的管理者行为。我们可以将其大致分为四种类型，它们分别对员工绩效产生了不同的影响。以下是我们的第一个主要结论：任何级别的管理者都属于四种不同类型之一。可以将这些类别看作管理者在指导员工和做出反馈时所采取的主要方式，不同的管理者类型之间存在一个连续体：基于具体的环境，某个管理者可能属于某一种或另一种类型。然而，我们在对数据和采访进行分析时发现，每个管理者都自然而然地有一种最常用的工作方式。你可以通过第 190 页附录二"测试：你是哪种类型的管理者"中的 13 个问题来确定你自己所属的类型。

为了获得更充分的认识，我们进一步挖掘了管理者类型的相关数据。分析数据的过程如同雕塑家开凿石料，逐步显现出雕塑的全貌。我们对这四种管理者类型有了深入了解，同时也有了另一个重要发现：不论这些管理者在什么行业、哪个地方，也不论员工队伍中哪个年龄段的员工居多，这四种类型都呈现出均匀分布，几乎各占 25%。你所认识的某个人（或者某些人）一定是某种类型的管理者，更重要的是，你自己也必然是其中某种类型的管理者。

四种管理者类型

　　就像每个人都会偏好某种早餐或有一双常穿的鞋子一样，管理者在日常的员工培养方面也会有一种主导的管理风格。我们可以把这些类型看作管理者感觉最舒服的指导习惯，据此，管理者可以被分为谆谆教诲型、时刻待命型、摇旗呐喊型和联结型管理者。我们来看一下它们正式的定义和对应的一些示例（见图2）。

谆谆教诲型

我利用我的专业技能和经验来指导员工

时刻待命型

我在各类技能上提供持续的指导和反馈

联结型

我为员工介绍适合他们发展需求的合适人选

摇旗呐喊型

我鼓励我的员工自主决定个人发展

图2　四种管理者类型

谆谆教诲型管理者：基于个人的专业技能和经验来指导员工的管理者，提供建议导向型的反馈并指导员工发展

21 世纪初，当蒂姆·车 [①] 在西雅图作为软件工程师入职一家规模较小但发展迅速的科技公司时，他每天早上都充满热情地起床去工作。车先生在编程中体现出的对解决用户问题的热情，使得他很快在公司获得了巨大成功，尤其是他正处于所在的细分行业蓬勃发展的最好时期。在过去的 15 年间，车先生始终在一个快节奏的、灵活的团队发展环境中工作，这个团队在创造完美的用户体验方面表现出色。

当车先生回顾自己快速发展的职业生涯时，他指出自己顶尖的技术能力是持续取得成功的首要原因。他甚至推测自己对创造卓越且功能强大的应用程序界面的热情就是两年前他被提拔为团队管理者的核心原因之一。他表示，"当我被提拔来领导我（现在）的 8 人团队时，我认为老板确实把我看作团队中极具发展潜力的开发人员。我有技术能力去创造完美的应用组件，所以，她希望我能够让我的同事达到我在自己的工作中所持的标准"。

像车先生一样，谆谆教诲型管理者基于自己的专业技能和经验对员工进行指导，提供建议导向型的反馈，指导员工发展。他们往往在成为管理者之前便是能做出突出贡献的个体，也会将深入的主题知识带入自己的管理中。这样一来，像车先生一样的谆谆教诲型管理者不断地创造和再创造自己的风格，在其所管理的每个员工身上都留下了

[①] 为保护个人和雇主的隐私，书中涉及的人名均为化名。

自己的影子。

时刻待命型管理者：提供持续、高频的指导的管理者，推动员工的发展，在多种技能上都能给予反馈和支持

　　一家知名设计公司的项目主管玛雅·科尔斯就是典型的时刻待命型管理者。她专注于自己的团队，不断思考如何能为每个员工提供帮助以及应对随时出现的挑战。科尔斯投入大量的时间和精力为团队提供持续的建议和指导。她的项目涉及许多部分：从样品设计到市场调研的开展，再到可能为公司带来全新业务组织的产品线拓展。由于项目涉及面广，科尔斯的团队成员有着多元化且截然不同的技能组合，其中一些已经超出了科尔斯的能力范围。

　　随着项目的开展，即便并不具备某些专业技能，科尔斯仍然能总揽整个团队和留意每位员工的工作，并且她坚信自己是提供持续反馈和指导的最佳人选。尽管科尔斯的方法无疑要比同侪的指导方法需要投入更多的时间和精力，但她强迫自己尽可能多地关注团队绩效。这对每个人来说都是一种新的尝试，所以，科尔斯希望自己成为团队的基石。正如她所言，"我的作战计划就是给员工提供他们所需的持续反馈，以此指导他们在特定领域的发展"。

　　科尔斯的方式鲜明地体现了时刻待命型管理者频繁且非正式的反馈风格。既然唯有变化是不变的，那么持续的反馈就能提供最基础的见解并帮助员工进行必要的方向修正。通过为员工提供不间断的非正式反馈和指导，时刻待命型管理者表现出了对帮助员工在工作中成长

并完善自身的高度关注和坚定信念。时刻待命型管理者与谆谆教诲型管理者有些相似，他们都是依靠自身来驱动员工发展。他们是直接下属获取支持最重要和最稳定的来源。

联结型管理者：为员工的培养和发展引入其他合适人选的管理者，在为员工提供有针对性的反馈的同时，创造一种积极向上的团队氛围

布莱恩·霍夫曼是一家跨国奢侈品公司数字营销部的团队负责人，也是联结型管理者的典型代表。她从公司位于纽约的百货商店的美妆柜台员工起步，走上了一条精彩且多样化的职业发展之路。最终，通过在销售部门一路晋升，甚至到海外短期轮岗，她在5年前完成了向市场营销方向的转变并迅速被提拔为团队管理者。霍夫曼以富有创意的活动策划方案和极强的执行力而出名，但她却认为自己在数字营销领域刚刚入门。

霍夫曼常常认为自己是初学者，当员工问到超出她知识领域或技能范畴的问题时，她会迅速坦承"我不知道"。霍夫曼知道自己有时候并不能给她的数字营销团队提供最好的专业支持，她也谨慎地将自己的反馈和指导集中在自己擅长的领域——理解公司客户。当霍夫曼认为自己不适合提供相关的指导或建议时，她会转向公司内部其他人，为自己的员工介绍合适的指导人选，因为多样化的职业经历让她意识到，公司中有掌握各种知识和技能的专业人才。我们可以看到，像霍夫曼一样，联结型管理者会定期利用团队中的员工来促成直接到位的互助，并培养员工对团队的信任以创造更多技能分享的机会。

摇旗呐喊型管理者：对员工培养采取放任方法的管理者，提供授权式的积极反馈，使员工自主掌握发展方式

摇旗呐喊型管理者的典型代表是杰克·塞西尔，他是一家总部位于英国的金融科技公司的团队负责人，同时监管公司的几个招聘团队。其他类型的管理者（像谆谆教诲型管理者和时刻待命型管理者）或许会因为监管公司如此重要的部门而执着于各种细节，而塞西尔"悠闲"的摇旗呐喊型方法则是，将自己置身局外，鼓励他的团队自行完成工作。塞西尔相信，即便（或许正因为）他采取放任的指导方式，团队也依然能够蓬勃发展。毕竟他的人才招聘团队是通过明确的可量化的招聘周期（他们找到某个职位合适的候选人所需的天数）来衡量绩效的，所以，塞西尔知道他们的表现会受到外力驱动而持续改善，不用过多干预。

摇旗呐喊型管理者培养员工的方法较被动，他主要提供积极的鼓励并允许下属在实践中学习。在塞西尔看来，招聘专员是依靠与客户的联系和互动成长起来的，他们从每一次与潜在候选人的对话中都能学到新东西。这当然也是塞西尔自己成为优秀招聘专家的途径。

塞西尔不需要对团队进行细致入微的指导，就能很好地激发团队的力量。他在主持团队会议或一对一与员工交流时，总会给予团队主动权和充分鼓励他们。总体来说，摇旗呐喊型管理者在指导和培养员工时采取的是一种积极放任的方法。

经典的四方角逐

在具体描述了管理者指导和培养员工的四种方式后，我们的研究团队进一步确定了何种管理者类型要优于其他三种。我们没有止步于对管理者进行分类，更想知道哪一种才是最优秀的。

当我们向企业领导者介绍四种管理者类型并询问他们打算在组织中培养哪种类型的管理者时，时刻待命型管理者（以玛雅·科尔斯为例）最受青睐。实际上，在我们对人力资源主管的调查中，大部分受访者表示，他们正计划在公司内部推动由管理者主导的"持续高频"的指导和反馈。[26]

除了内部管理者培训，公司高管往往会寻找具有时刻待命型特质的管理者，因而，这一策略也渗透到了招聘环节中。为了了解公司招聘所要求的一些首要技能，我们检索了美国管理者岗位的职责描述，发现了一些有趣的特征。我们对 2016 年至 2018 年美国各个行业和管理层级的所有职责描述的分析结果表明，市场对指导职责的需求增长了 17% 以上，并且着重强调提供持续的反馈和培养。[27] 这一偏好也因员工自身的需求而得到了加强。

随着多样化的员工队伍中千禧一代员工比例的不断提高，如今的员工普遍要求管理者给予更多而不是更少的指导。我们的研究表明，新一代员工正在寻求更多的反馈，一位千禧一代的员工直截了当地表达了自己的想法："对我来说，与管理者保持沟通，从而经常获得工作上和职业上的指导是很重要的。"但要求更多指导和反馈的呼声已经超越了千禧一代，变成了如今员工队伍中很大一部分人的需求。《德勤人力资本趋势》也对其作用表示肯定，"定期的反馈不仅仅是对工作本身的反馈，更重要的是使人们能够不断地重新设定目标、改进作业流程并提升获得感"。[28] 我们从公司领导者、人力专员和初级员工各方面得到的信息十分明确：时刻待命型管理者能够更好地进行管理，带来最佳的员工绩效。

但这种印象是否能够得到研究的支持呢？我们对员工和管理者相关数据的分析揭示了一个完全不同的版本。通过比较摇旗呐喊型、谆谆教诲型、联结型和时刻待命型管理者指导下的员工绩效，我们得出了两个令人惊讶的结果，与我们之前的假设截然相反，如图 3 的数据所示。

结论一：时刻待命型管理者不能提升员工绩效，反而会导致员工绩效下降。我们的数据表明，时刻待命型方式并不是提升员工绩效的最佳方式，甚至差得很远。事实上，时刻待命型管理者持续使用这一方法，反而会导致员工的绩效下降，降幅甚至高达 8%。[29] 换言之，时刻待命型管理者提供了太多执行层面的反馈，其建议有时与员工当前的发展需求并不相关。由于他们会在自己并不擅长的领域给出建议，他们的指导恰恰可能是错误的。这导致的后果就是，时刻待命型管理者降低了员工的效率和工作参与度，也使员工难以坚持自己的工作思路和方法。这种方法显然是事倍功半或者弊大于利的。

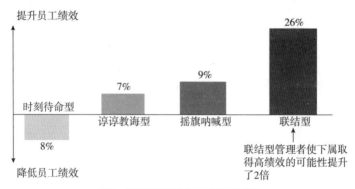

图3　管理者类型对员工绩效的影响

为什么这一结论也算是好消息呢？如果你是时刻待命型管理者，那么你很可能因为管理他人所需的工作量而压力重重，并且总会因为自己做得不够好而感到沮丧。大胆放弃这种方法吧！如果你属于其他类型，这更是一个好消息。你所在的组织或许会要求你更频繁地提供更大范围的指导，但你不必再受困于或不堪重负于这一职责了，而且因为其消极作用很大，你也不应该这样做。我们发现，组织不断施压，要求管理者"做得更多"，但实际却"收效甚微"。

结论二：联结型管理者取得了压倒性胜利。如果说时刻待命型管理者实际上降低了员工绩效，那么是否有哪种指导和培养方式能够对员工绩效有积极影响呢？我们确实发现谆谆教诲型管理者和摇旗呐喊型管理者对员工绩效起到了些许积极作用，分别使之增长了7%和9%，这一结果也是说得通的。[30] 谆谆教诲型管理者拥有的经验和专业背景确实能使员工在某些方面的技能有所提升，但并非全部。毫无疑问，每个人都不可能是全才，因此，管理者有限的专长制约了其对员工绩效所能产生的影响。恰恰因为他们不会寻求外部的帮助和支持，所以其影响很有限。摇旗呐喊型管理者通过积极赋能，对员工产生了更多的积极影响，[31] 但缺乏具体的可执行的绩效修正反馈也使其影响力受到了限制，他们的授权能给员工带来动力，但却因为缺乏明确的目标指引与具体的指导性建议和方法而显得毫无目标和方向感。

到目前为止，数据表明，联结型管理者在提升员工绩效方面最突出，使员工绩效提升了高达26%，使员工成为高绩效员工的可能性提升了两倍以上。[32] 这意味着，联结型管理者能为员工的日常任务提供更好的支持并增强其未来的职业潜能。他们开展的核心指导活动与其他管理者并无二致，但对其他指导安排的侧重有所不同。联结型管理者所共同拥有的一种领导才能使他们能为员工建立关键的三方紧密联结，即员工、团队和组织之间的联结。这种联结是下文所述内容的基础。

联结型管理者会根据员工能力的不同制订个性化培养方案，以满足员工的需求和兴趣。他们注重了解他人的需求，激发双向成长对话，以探知行为表象下的实际情况。这保证了他们能够在正确的时间为正确的技能需求提供有针对性的支持。此外，联结型管理者明白，他们有时是给予反馈和指导的合适人选，有时并不是。在这种情况下，他们会为员工和团队或组织中的其他人建立联结。然而，联结型管理者并不是仅仅将员工和某一位同事或导师牵线配对后就袖手旁观，他们

会确保员工在这样的联结中获益。在第三章中，我们会更详细地说明
联结型管理者是如何达成这些目标的。

成为联结型管理者

在对全球管理者进行研究的过程中，我们听到了一个又一个相似
的案例，即管理者感到束手无策，无法真正胜任他们的角色，更不用
说为他们的员工成长提供支持了。我们也听到了员工因为在工作上或
团队中无法获得有关职业发展或潜能激发的指导而产生的失望与困
惑。这种期望和结果不匹配的窘境需要被改变，而了解联结型管理者
的原则可以帮助你朝正确的方向前进。在重新建立管理者与员工之间
的隐性联系以及重新激发双方专注于能够促进双方共同成长的一系列
现实而高效的联系方面，联结型管理者是最合适的管理者。在商业、
教育、非营利机构和政府部门中，联结型管理者均能达到新的绩效高
度并挖掘出未被充分利用的才能。你可以向他们学习并使自己成为一
名联结型管理者。在本书中，你将学到许多关于典型的联结型管理者
的案例，包括：

- 泰国清莱府府尹纳隆萨·奥索塔纳坤。他负责协调野猪足球
  队队员的搜寻和救援行动，表现出了对团队优势和差异的清
  晰认识，通过建立正确的联结成功完成了任务。
- 中学校长布兰迪·泰森。她通过建立与员工和学生之间的信

任，将落后的学校转变成适合学生学习和精进的综合性环境。

· 代表瑞典出征汉城奥运会的步枪射击运动员安妮塔·卡尔松 – 迪奥。她同时是 IBM 的业务流程外包部门的领导，能够通过真正了解员工的需求和对成功的渴望来激励和团结遍布全球的成千上万名员工。

· 男装品牌休 & 克里（Hugh & Crye）的创始人兼 CEO（首席执行官）普拉纳夫·沃拉。他依靠外部合作伙伴（他称之为"友善的局外人"）提供的帮助来发现和拓展员工的学习和发展选择。

· 全球专业咨询服务公司埃森哲的首席总监艾莉森·卡普洛。她管理着 100 多名初级分析师，通过独特的具有启发性的问题与员工建立了联结。

书中提及的这些领导者作为榜样，将为我们提供一些具有启示性的参考，使我们可以在处理员工关系的工作中掌握和应用这些技巧，从而更清楚、更实际地为员工的成功做好准备。

本书被设计成了一本端到端的分类手册，详细说明了联结型管理者的特质以及你如何才能成为一个联结型管理者。通过分析 IBM、英特尔和 Amdocs 改变管理者培养策略的案例，我们还将探索各个公司为联结型管理者的成功创造了怎样的环境。现在，我们已经对管理者类型以及联结型管理者的明显优势进行了初探，后面几个章节将说明联结型管理者和时刻待命型管理者的区别，并详细介绍联结型管理者实现的三种联结。随后，我们将转而关注如何打造一个联结型公司，使每一位现任和未来的管理者都能够运用这一方法，让所有员工获得充分发展、全力以赴和取得成功的机会。最后，我们会介绍超级联结型管理者的概念，即各公司和各行业中那些不仅能建立本书所说的各种联结，还能在公司中培养更多联结型管理者的超级英雄。

我们将向大家展示应该如何像一个联结型管理者一样思考、行动和计划。大家将会学到避免使自己逐渐变成时刻待命型管理者的策略。本书的结尾部分将指导大家在团队和组织中建立一个联结型管理者生态系统。我们希望大家能试着从不同层面来看待本书。在最基础的层面，大家将进行自我发现，从而更好地了解自己的指导和培养风格。这有助于大家积极地分析和审视自己意识不到的习惯。其中有一些偏好值得保留，而另一些则需要抛弃。大家可能已经在一些特定场合开始使用部分联结型管理者的方法了，但在其他时间里，你可能依然是一个时刻待命型管理者，这必然会给团队带来不利影响。除了帮助大家了解自己当前所采取的方式，本书将帮助你制订一个行动计划，其中包括你明天、下个月乃至明年应用你所读到的联结型管理者策略时可以采取的行动。其中的一些技巧在大家下次与团队或下属开会时就能运用，而另一些则是为你的成功做准备的长期计划。现在，你一定很好奇自己最符合哪种类型的管理者的特质，那么在开始第二章之前，先翻到第190页附录二"测试：你是哪种类型的管理者"，完成"你是哪种类型的管理者"测试吧。

【本章小结】

· 随着宏观经济、人口和企业的变化速度和频率日益提高，管理者
  被要求在有限的时间内投入更多的精力来培养员工。

· 我们的研究表明，每位管理者在指导和培养方式上都属于四种不
  同类别之一。

  谆谆教诲型管理者：基于个人的专业技能和经验来指导员工的管
  理者，提供建议导向型的反馈并指导员工发展。

  时刻待命型管理者：提供持续高频的指导的管理者，推动员工的
  发展，在多种技能上都能给予反馈和支持。

  联结型管理者：为员工的培养和发展引入其他合适人选的管理
  者，在为员工提供有针对性的反馈的同时，创造一种积极向上的
  团队氛围。

  摇旗呐喊型管理者：对员工培养采取放任方法的管理者，提供授
  权式的积极反馈，使员工自主掌握发展方式。

· 与传统认知"时刻待命型管理者掌握了最有效的指导和培养方
  法"相反的是，这种类型的管理者会降低员工绩效，弊大于利。

· 联结型管理者对员工绩效能产生最明显的积极影响，同时使下属
  成为高绩效员工的可能性提高了两倍。

第二章
时刻待命型管理者的局限性

教练是给出改正建议又不会引起愤恨的人。[1]

——约翰·伍登，大学篮球教练

"时刻在线"的文化

在这个移动互联网时代，由于智能手机、平板电脑，以及无所不在的、将我们与万事万物实时连接的各种移动应用程序的存在，不处于"时刻在线"的状态几乎是不可能的。这种文化与生活节奏自然也渗透到了我们处理工作的方式中，大家像上了发条似的，时刻将自己绑定在一个个项目、一封封邮件、一个个问题和不断迫近的最后时限上。如今员工在下班后平均每周要花费 8 小时甚至更多的时间来处理工作邮件，而这种日益紧密的工作与生活不分的状态必然会对健康造成负面影响。[2] 近日，英国的一项研究表明，在 60% 的案例中，持续加班会导致压力增大、睡眠质量下降以及疲劳感加剧。[3] 斯坦福大学一项类似的研究进一步量化和验证了这个问题，研究发现，每年有数十亿的医疗费用支出源于职场压力。[4] 我们的工作和生活密切相关、边界模糊的状态已经达到了一个极端，所有的企业和国家都试图改变这种情况。

以一家小型的个人独资的软件研发公司欧拉克（Olark）为例，该公司在过去 10 年间建立了一种联系紧密的远程协作团队文化。欧拉克的首要核心价值是"放松：保持一种可持续的忙碌，培育一些能为你充电、使你以最佳状态投入工作的业余活动"。[5] 通过"可持续的忙碌"和"充电"等表述，欧拉克明确指出了工作中无止境的循环。而值得注意的是，欧拉克对于"放松"这一价值观言出必践，员工每年若能做到休假 5 天并且在此期间不查看电子邮件，就会获得 1 000 美元的额外奖励。[6] 欧拉克采取了一种独特且有导向性的方式来平衡工作和生活，但我们认为这很可能只是特例，普遍情况并非如此。对大多数人来说，5 天不查看邮件简直是天方夜谭。很多人只要在登上波音 777 飞机后看到"机上无线网络已覆盖"的标志，就会不由自主地全部身心投入工作状态，这充分证明，担心因为无法开机而跟工作失联的焦虑普遍存在。本书的一位作者甚至因为时好时坏的空中无线网络影响工作而决定放弃一度钟爱的航空公司。

这种"时刻在线"的文化必然影响我们的管理方式。我们与员工互动的方式也体现了我们对更快的速度、更全面的信息、更高效的决策的追求。其所导致的部分结果是，管理者认为他们要具备第一章所描述的时刻待命型管理者的许多特质。我们可能都见过会给出太多反馈（或许带来的结果好坏参半）的管理者，而很多管理者则感到很难给直接下属提供越来越多的指导。

管理者状态不佳

如果问任何一位管理者："你应该给员工提供经常性的指导和反馈吗？"得到的必然是肯定回答。如果你是一位管理者，你的回答应该是肯定的，你应该将给予经常性的指导，为员工的职业发展提供指导，提供关于多种技能的反馈作为工作的核心。然而，你有许多原因不该在下属每次遇到问题时都给予指导和指示。管理者因缺乏专业知识、无法真正理解员工的动机或时间限制而有必要停止提供指导和反馈，这种情况屡见不鲜，也成了管理者的一种困境。

一方面，我们有明确的证据表明，员工收到关于如何改进的指导意见后会有更好的表现。此外，我们也知道员工队伍中的年轻一代希望得到更多的指导。[7] 因而，大部分企业都强调将持续指导和反馈作为绩效管理工具，并要求管理者推行这种方法 ①。在被问及过去三年中哪些优先事项变得最重要时，70% 的人力资源主管表示，他们越来越

---

① 持续绩效是近年来全球企业在绩效管理方面的创新实践，强调在绩效管理过程中坚持"关注员工对组织、业务、团队的实际影响力"原则，强化"持续对话，教练式反馈，侧重员工发展"目标，以"绩效管理日常化"和"员工参与度"为准绳，侧重团队目标，打造开放、信任、透明的组织能力。——译者注

重视"管理者对员工培养工作的参与度"这一指标。[8]全球的企业也都对为管理者设计的更多培训进行了大量投资，目的是提升指导对话的水平。管理者全年要与员工进行频繁的培养和指导对话，如今这并不只是一种期待，也是必须完成的任务和应尽的义务。因此，在提及反馈和指导时，传统观念总是告诉我们越多越好。

另一方面，人口的流动和技能的迭代从根本上改变了管理者与员工之间的关系，使管理者很难在不断拓展的新兴领域中提供有效的指导。员工所用技能的深度和广度往往使管理者感到束手无策。[9]这种困境所导致的结果是，即使管理者并非为员工提供持续的培养和指导的最佳人选，公司仍然要依靠他们，以帮助员工适应工作的动态要求和提升公司整体的人才和财务绩效。

在被高德纳收购之前，CEB的管理者每年会收到基于员工调查的年度指导报告，其分析了管理者给出反馈的方式、职业目标如何在此过程中被体现出来以及提供指导的频率等内容。报告生成和被发布后，人力资源专员会与管理者进行正式会谈，面对面分析报告结果，通常会一项一项地详细探究管理者为何没有提供足够的指导和反馈。

但实际上，无论分析过多少份培训或指导报告，也无论在指导方面投入了多少精力，大部分管理者的表现仍然无法令人满意。我们的研究表明，仅有40%的员工认为他们的管理者有效地帮助其培养了当前以及未来工作角色所需的技能，[10]而另一个事实是，只有不到一半的管理者认为自己能够胜任培养员工相关技能的职责。[11]结合二者来看，得出的结论令人震惊。这意味着，全世界大部分管理者在与员工交流时，都对自己的不称职或是无法提供有价值的建议充满了强烈的焦虑和惶恐。

在我们访问负责北美一家大型银行的中层管理者发展项目的高级人力资源主管亚里克斯·金时，他表示，在为员工提供指导和反馈方面，管理者已经筋疲力尽。他声称，与他所在公司类似的组织正在改变组织运作模式，这迫使管理者改变他们的管理方式。管理者要负责更大规模的团队并且使用不同的管理方式。在很多情况下，管理者的职权范围在成倍扩大，相应地，提供高质量的指导和有针对性的反馈更加困难。听起来是否有些似曾相识？金先生表示，"当团队更加分散且工作更加复杂时，承担反馈职责也变得更难，毕竟你永远无法在所有事情上都成为专家。对我而言，这意味着我们需要花一些时间来承认我们需要借用更多的资源"。

综上，管理者需要一种新的管理方式，一种能够反映他们的处境、解除他们受到的制约并使他们（和他们的团队）走向成功的方法。为了实现这一目标，我们需要摒弃那些错误观念，不再拘泥于错误且陈旧的时刻待命型管理方式。

时刻待命型管理者的误区

在培养员工的过程中，管理者主要做的两件事就是反馈和指导。"反馈"更倾向于强调过去发生的事项或行为，而"指导"则着重于未来的发展。在本书中，我们会经常交替运用这些术语，二者都是管理者与员工之间定期进行的常见的重要活动，只不过频率和强度有时有所不同。例如，如果员工感到难以适应新角色，那么他们在适应期可能需要亲力亲为的指导方式。管理者自己所接受的培训，倡导提供更多指导的企业文化所带来的压力，以及直接监督不断增加的组织和员工变化的责任感，这些都迫使管理者采用时刻待命型管理模式。然而，盲目遵从亲力亲为的持续性指导方法具有误导性，并且不能取得最佳效果。实际上，三个微妙的管理误区强化了大家对时刻待命型管理手段的追捧，管理者也往往受此蒙蔽。让我们来分析一下这些错误观念并在以后的工作中合理规避它们吧。

误区一：管理者应投入更多时间来指导员工

"玛雅经常给出难以付诸行动的反馈……有时她关注的并不是我需要获取帮助的事情。"这是玛雅·科尔斯在某一年得分为"基本良好"的绩效评估中不起眼的一句话。这句话并不是她上司的观察或意见，而是来自她的直接下属艾米丽·伊万诺夫娜。这句话极大地打击了科尔斯作为管理者的信心。她不禁怀疑："这是真的吗？我的指导有问题吗？"

回顾这一年，科尔斯作为一家大型设计公司的项目主管，一直在忙于为技术部门的领导进行一项新的产品调查，项目时间紧、任务重。当事情没有按计划进行时，她往往会迅速介入。而她的项目副主管伊万诺夫娜则对她的应激式反应不堪重负。科尔斯给了伊万诺夫娜太多的反馈以至于她无法辨别其中的对错，反馈的内容涉及伊万诺夫娜正

在进行和并不负责的许多方面。"你需要推动这部分的设计流程"，
"为调查结论提供更多证据"，"主持小组会议讨论时要更有针对性一
些"……这些只是某天科尔斯对伊万诺夫娜进行指导的一些例子。就
像对着消防水管喝水一样，信息太多，伊万诺夫娜无法处理和思考她
收到的所有反馈。

　　一段时间后，伊万诺夫娜开始自我反省，并最终将决定权交给
了科尔斯。她感觉科尔斯在她并不需要帮助的领域（如具体的执行流
程）对她进行指导。伊万诺夫娜曾在金融服务部门担任运营经理，也
曾在美国海军的一艘驱逐舰上领导团队负责技术设备和发电。她实际
上非常擅长流程把控。尽管科尔斯的反馈在某些方面是合理的，但持
续不断甚至是信息轰炸式的指导，对伊万诺夫娜的整体表现、敬业度
和士气都产生了严重的负面影响。

　　尽管科尔斯对伊万诺夫娜的管理实践让科尔斯意识到自己的方法
并不可行，她仍对我们表示，"我的指导方法源于直觉和思维定式，
这些都是我多年来被灌输的，即提供的指导越多越好"。时刻待命型
管理者利用每一个机会提供指导，而这使员工很难专注于真正需要提
升的领域，这种反馈过犹不及。这种方式会造成一种紧张气氛，最终
压制员工的思维、想象力和潜能。一段时间后，反馈的接收者会对新
的观点和意见产生抵触，因为他们感觉自己要么是错的，要么曲解了
老板的意图。[12] 当我们与时刻待命型管理者的员工进行交流时，我们
发现他们会花费更多的时间去揣摩老板的想法，而实际上用于改善工
作的时间则很少。这种额外付出的时间和精力是有代价的：员工会感

到他们从未真正满足自己的工作、角色、项目或任务的需求。

　　更加令人沮丧的是，我们在研究中最惊人的发现之一是，管理者指导时长与员工绩效之间并不存在显著关联。将更多时间用于指导员工的管理者并没有明显地提升员工的绩效（见图 4）。[13]

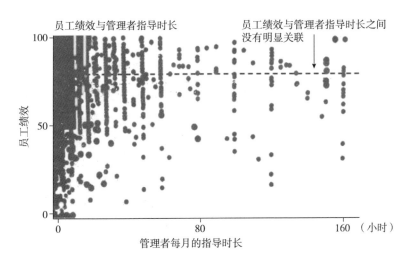

图4　用于指导的时间与员工绩效的关联

　　这一惊人的发现与我们作为管理者收到的所有信息背道而驰。从某种意义上来说，明白我们不需要为员工随时待命让人松了一口气，但不断收到相反的建议也十分令人烦躁。重要的是，我们不应该将投入的时间多少作为决定指导和培养成功与否的主要变量。当我们与管理者和高管谈及员工培养和指导时，他们总会强调需要"做得更多"，而这恰恰是一种误导。指导时长并不影响绩效，能够提升一个人当前和未来潜能的是一系列更复杂的因素。我们在后文将会谈到，真正重要的是指导的质量，要根据员工的具体情况给出最合适的建议。

这一发现还有另一个与预期相悖的方面：它进一步起到了负面作用。大多数采用时刻待命型方式的管理者不太可能在员工擅长的事情上进行引导，而是会强调员工的短板或者需要提升的方面。[14] 尽管时刻待命型管理者可能试图通过这种方式让员工更能胜任工作，但往往适得其反。矫正性的反馈当然有其价值，但我们的研究表明，太多这样的反馈是有害的，会使员工丧失信心进而难以取得进步。[15] 这正是玛雅·科尔斯和她的直接下属艾米丽·伊万诺夫娜的处境的真实反映。最近的研究表明，负面反馈会给员工的行为和身体带来抑郁和焦虑等意想不到的后果，从而限制员工提高和发挥其潜能的能力。[16] 员工只有思考并根据绩效反馈采取行动，才能在工作中取得成功，然而，很多听起来富有建设性的反馈会遭到负面解读，这直接导致员工很难在听取和处理反馈后还能够毫无负面情绪地继续工作。

误区二：管理者总是了解员工的需求

假设医疗保健行业的一位销售代表和他的经理一同到美国乡村地区出差。随着医疗保健行业的蓬勃发展，销售代表获得了公司配车和固定的薪水等待遇，他们拿着丰厚的佣金，到充满潜在客户的广大地区拓展业务。卖出的处方药越多，销售排名和报酬也就越高。自然，销售代表每天要驱车拜访很多医生。我们的一个同事拉吉以前就是这样的销售代表。

拉吉对那段经历的评价比较正面，他会回忆起因为帮助患者而获得的报酬和在快节奏行业中做销售的挑战。然而，在与我们讨论这本书时，拉吉回想起了前任老板所给予的反馈和指导，他变得面色苍白、情绪低落。医疗保健行业的销售代表需要对化学和生物知识有深入的了解，高超的销售技巧更是必不可少的。持续的反馈和指导对他们的绩效是有意义的，然而，最让拉吉痛苦的是被他称为"监军"[1] 的独特（和频繁的）经历。

据拉吉回忆，每到那一天，就像要参加一场漫长的马拉松比赛。从早餐开始，他的经理会检查本月销售额，他们还会探讨当天的策略，并重新讨论两周前上一场"马拉松"的后续进展情况。随后，他们驱车前往第一个销售目标那里，目标客户通常是配备一两个医生和一些助手的小诊所。拉吉要去的农村地区很偏僻，这可能意味着需要一个小时的车程，路上的大部分时间，他们都在谈工作和具体的业务。到达目的地后，他们会先在车里花些时间回顾将要拜访的医生的资料，并决定如何与医生和前台人员搞好关系。之后，他们会进入诊所等待，这是工作的很大一部分。

最终的销售环节是与医生见面。通常销售过程中的对话能让医生与销售代表深入讨论药品的独特疗效，但拉吉面临的情况并非如此。实际上，因为这种小诊所规模小，医生十分忙碌，所以，销售面谈往往发生在与医生在走廊或存放药品样本的储藏室碰面的时候，双方的

---

[1] 原文 "ride-along" 本意是搭顺风车等，结合上下文，我们选择中国古代官职 "监军" 的译法，借此表达作者所传递的管理者用亲历亲为的方式时刻监督管理下属具体工作的本意。——译者注

交流时间仅有 30 秒到 5 分钟左右。在有限的时间内，拉吉要努力展示他们药品的独特性，说明医生采购他们公司药品的意义，然后，这场会面会匆匆结束。拉吉和他的经理会重新回到车上复盘，回顾刚刚说过的（和没说到的）所有内容。而后，拉吉的经理对拉吉的反馈便铺天盖地而来。拉吉的经理会强调他的这次会谈是否有强行推销或是否说清楚了这种药的性价比。一旦拉吉消化了这些反馈，他便发动汽车，与经理一同赶往下一个客户处，再重复一遍类似的过程。仿佛是不断涂抹肥皂再冲洗干净，重复这个流程 6 到 8 次后，他们才能疲惫不堪地回到办公室，对全天的工作进行复盘。最终，在与他的时刻待命型经理共处 9 到 10 个小时后，拉吉开车回家，瘫在他最爱的躺椅上，百无聊赖地观看毫无营养的电视节目。这种工作方式实在是令人精疲力竭。

许多管理者都能够体会到拉吉的经理所面临的挑战。或许你每个月只能简要地了解下属的情况，但仍然要给出相关且富有建设性的反馈。拉吉的经理已经尽她所能地提供了帮助，拉吉在向我们叙述他的故事时也承认了这一点。然而，她每周都有几天要和员工一同外出销售，同时要担负起每周召开销售例会、关注销售计划和数字、培训新员工等职责。她需要参与的事务范围越来越大，自然给出的反馈并不总是跟下属正在做的工作密切相关。虽然拉吉确实收到了一些关键的指导意见，但很大一部分反馈都是无效的，因为它们根本不符合拉吉的需求、兴趣或志向。正如拉吉所说："这些反馈和要求所涉及的方面，我要么已经通过培训有所掌握，要么在我成为销售代表所通过的考试中已经有所体现。"结果是，拉吉不确定要如何按照老板给的建议行事，而他也开始怀疑是否需要离开公司和他的经理才能在事业上更进一步。

拉吉的经理有责任观察她的员工，审视他们的行为并及时给出反馈。这自然导致她会花更多的时间分享自己的想法而不是通过提问题来使自己的反馈更有针对性。实际上，拉吉的经理每天都会像很多管理者一样优先考虑自己的立场。她关注的是公司的要求、自己所擅长的方面以及她认为的最大的绩效问题（即使这不是工作的核心）。或许大家也感同身受。随着时间的流逝，管理者的指导和反馈可能会越来越有指示性，并且他们无意识地不再询问关键问题。这很可能发生在我们身上。尽管我们制订了最佳计划，但我们的建议会逐渐与员工的步调不一致。这样一来，只有不到 1/3 的员工认为他们与管理者之间的指导和培养互动符合自己的需求也就不足为奇了。[17]

时刻待命型管理者不会试图了解员工到底需要怎样的技能和培养或指导，而是会根据自己的理解或者工作要求来制订指导计划，并在此基础上确定员工需要或应该关注的方面。管理者可以监督员工的工作流程和业务方向，甚至可以了解他们在某种情况下受到的限制，并将这些方面纳入与员工的交流中。但他们往往不会站在员工的角度思考问题。导致这种缺陷的制约因素之一是，他们对员工的工作流程缺乏一致或完整的认知。大部分管理者平均有 9 个直接下属，并且在很多情况下，团队分布在不同的工作地点和项目中，这使得管理者要依靠猜测和主观判断来进行管理。[18] 至少可以说，这项工作的本质导致

给予指导和提供及时反馈颇具挑战性。事实上，当被问及管理者是否
了解他们的工作内容时，只有 18% 的员工给出了肯定答复。[19] 这意味
着，80% 的员工认为管理者并不清楚他们在做什么。如果你不了解团
队的工作，那么如何才能提供有效且与之相符的见解、建议和改进措
施呢？

误区三：管理者是指导和反馈的最佳来源

你还记得上一次登录银行网站的情景吗？也许你正在尝试查找有
关账单问题的信息或是核对每月对账单上的某项交易明细？在浏览网
页 10 分钟未果后，你决定拨打银行的免费电话寻求帮助。你知道标
准流程是这样的：电话接通，自动语音开始提醒，"请输入你的账号
按 # 键结束，然后输入你的密码"，等等。经过一个个环节，你最终
可能会连线到像安东尼·达布罗斯基这样的客服人员，他们在波兰的
一个呼叫中心为全球客户提供服务。

达布罗斯基在银行的投资部门工作，工作的主要内容是解答有关
相对复杂的投资产品的咨询，如共同基金、交易账户和养老金等。他
和他的同事会处理需要专业技术和个性化支持的来电。达布罗斯基的
经理纳迪亚·巴伦最近才加入团队，她是一位经验丰富的接线员，但
来自公司的零售部门，那里的呼叫中心处理的大多是类似查询账户余
额等直接的请求。巴伦的成功基于业内许多人所说的首次解决率。无
论是怎样的情况或问题，其目标都是在与客户首次交流的 5 分钟内解答
问题。巴伦十分擅长这一流程，银行也十分认可她的专业能力，因而

邀请她主持呼叫中心的培训工作以帮助其他人按照她的水平进行工作。

　　巴伦的方法对达布罗斯基起到了一定的作用，但他经常处理的是关于客户咨询新产品的来电。实际上，达布罗斯基在入职之初已经接受过有关新产品介绍流程的培训，但时不时仍会有一些咨询涉及他无法第一时间给出最佳答复的领域。最近，当达布罗斯基向巴伦寻求帮助时，他问道："我如何确定是该向客户推荐新产品还是让他们继续持有当前的产品呢？"巴伦的直觉和过往的经验开始发挥作用了。她引导达布罗斯基依照银行给出的有关日常询问的标准来作答：他如果不知道答案，就应将投资部门的电话号码告知客户，以便他们提供更详细的信息。这是十分合理的建议，问题得到了解决，而且快捷简便。

　　然而，巴伦的指导并不一定有效。的确，她的指导确保了达布罗斯基不会给出错误的投资建议，但客户并没有得到良好的体验和最有价值的答案，这一因素会极大地影响客户对银行的忠诚度。客户还要再打两个或更多个电话，才能在公司复杂的电话服务系统中找到自己所需的信息。致电服务中心后被不断转接到不同的部门，你和别人交流过多少次类似的糟糕体验？巴伦的解决方案直接基于过往有效的经验，她没有考虑过其他的选项。理想情况下，巴伦可以与其他管理者在新产品发布前进行交流从而了解业务动态，或者为达布罗斯基与投资团队建立联结，从而为致电者提供合适的指导。

　　当我们处于一种艰难或模棱两可的境地时，我们很难向员工承认我们并不知道最好的解决方法。许多管理者未能意识到他们专业知识的局限性或者会选择无视问题，结果便是，他们在自己能力有限的领域进行指导，最终给出了糟糕的建议。如果大家发觉自己在面对员工时会习惯性进行假设或合理推测，大家就会知道，要承认自己的无知或在其他地方寻找答案，需要多强的自信和自知之明作为基础。当我们像巴伦那样给出错误或不确切的建议时，员工据此做出的判断就可能最终导致绩效下降。

时刻待命型管理者需要注意的问题

毋庸置疑，管理者往往具有帮助员工取得成功的强烈愿望，但有时会给自己的付出造成阻碍。无论你是哪种类型的管理者，要想避免上述误区，你必须牢记一件事：你只有在足够了解自己的立场后才能做出改变。

我们在第一章中提到，"你是哪种类型的管理者"测试（见第 190页）将帮助你确定自己的主要指导风格。如果你的得分表明你是时刻待命型管理者，不要感到绝望。本书后文将帮助你逐步做出一些改变。主动变得不那么像时刻待命型管理者正是你成长经历的一部分。然而，需要对自己的指导行为有所认知的并不仅仅是时刻待命型管理者。评估自己对团队的指导价值的最简单方法之一就是直接询问团队成员的直观感受。通过面对面提出有关你所处立场的简单问题，你可以有所收获并增强自我觉察意识。你可以尝试询问："我如何促进或阻碍了你的发展？""我的哪些无意识的举动对你和你的团队造成了负面影响？"

自我意识不仅建立在积极聆听的基础上，也建立在了解你的触发因素的基础上：你的时刻待命型人格什么时候会出现？有时候我们会开始疯狂地提供反馈，只是因为受到了某种刺激。以下是我们在与数百名管理者的对话中观察到的一些触发因素：

- 感到压力时——当截止日期临近时，你会开始担心失败，时刻待命型人格会使你倾向于不合时宜地进行细节管理并提供持续反馈。
- 感到失去控制时——你的团队正独立处理几项工作流程并独立做出决策，如果管理得当，这是很好的结果。然而，时刻待命型管理者会给出更多反馈，带着一种潜在的傲慢和消极的情绪。
- 需要快速做出判断时——你的一位直接下属正向你寻求建议，而你先入为主（如关于这个人的能力和抱负）。时刻待命型管理者会对这名员工应该怎样做产生刻板的看法，但实际可能被证明是错误的。
- 产生冲突时——当你和团队共同做出决定时，你们对后续步骤会有不一致的看法。时刻待命型管理者默认要给出指令性的指导，这可能会导致糟糕的建议。
- 方便联系时——我们广泛使用的沟通工具使管理者倾向于随时保持联系以便持续进行监督。时刻待命型管理者会发起频繁的交流或要求实时打卡以报告动态，并在毫无必要时直接或间接地给予反馈。这必然会降低决策效率并为决策制造障

碍。我们在与员工交流进展时，很多员工都会这样想："我最
好在做决定之前跟领导确认一下。"

· 有空闲时间时——经过一段时间的紧张工作并在截止日期前
完成任务后，管理者终于可以喘口气或跟进某些其他事项了。
时刻待命型管理者这时候便开始大量发送信息和反馈，并对
团队提出各种要求。

在与员工互动时，请谨记这些触发因素。一旦它们出现，请多花
点时间进行相应调整。最后，如果确实有一个关键的触发因素会使你
进入时刻待命的状态，你可以告知你的团队，以便他们对你进行监督。

如何应对时刻待命型管理者

尽管绝大多数管理者只是在努力使自己的员工保持在正确的轨道
上，但在时刻待命型管理者的指导下工作仍是个棘手的问题。你几乎
没有什么办法能够控制局势。以下这些建议能帮助你更好地掌控自己
的职业发展，并最大限度地减少时刻待命型管理者一连串的建议和要
求对你造成的干扰。

第一，澄清要点以便更好地理解真正要紧的问题。时刻待命型管
理者往往会在稍有出错的迹象时就对员工进行纠正，无论错误或问题
多么无足轻重。其实，你可以通过额外的步骤来总结管理者所分享的
要点。在此过程中，应优先考虑反馈意见，并与你的管理者确认，然

后将其与你的职业和个人发展的重点相结合。这种优先级排序可以帮助员工集中精力，排除无关紧要的反馈的干扰。

第二，积极参与制订培养计划。回忆一下你从现任或前任管理者处获取的有益指导，并思考它为何有效：是因为当时的情境？给出反馈的方式？指导的时间或类型？将这些分析分享给你的管理者。接下来，对你的管理者想要通过指导实现的目标稍加思考，这样有助于你们双方的期望达成一致，并使你们的对话更有针对性和富有成效。最后，如果收到了有价值的指导和反馈，你也要立刻告知管理者。

第三，告知他你的需求和职业期望。着眼于你的未来角色和你希望掌握的技能，将管理者引向你想要得到发展的领域。通过这样的目标对照，你可以引导时刻待命型管理者在更符合你的需求和意愿的方面提供反馈。你可以在你的年度绩效总结中体现出相关内容，或者在季度末与管理者单独安排一次正式会面，从而获得反馈并告知他你的目标可能发生的变化。

第四，建立你的个人发展联结。时刻待命型管理者往往在他们知识匮乏的领域也会给予指导，为了应对这一点，你可以查明管理者的专长和盲区，便于你在他们擅长的领域向他们寻求建议和帮助。而在其他领域，则可以通过你的团队或组织中的其他人才来获取可借鉴的观点。

第五，加入联结型管理者的项目。促进职业发展的最佳方法便是积累有趣的、多样化的项目和角色经验，并且（如果可能的话）在联结型管理者的领导下工作。第三章会更详细地讨论这些问题。

前进之路

在英国经典科幻电视剧《神秘博士》[1]中，主角能够穿越时空，回到过去修复错误，真是个好想法！[20] 不幸的是，你无法让时光倒流来改变自己的做法，不过，你可以继续前进并采取一种行之有效的新的培养方式。你所在组织的领导很可能会不断要求你提供持续的指导和反馈，当你换了工作或得到提拔后，新领导在指导和反馈方面的要求或许会远超你认为合适的程度。因此，我们将传授你一些技巧，使你在各种情况下都能避免成为时刻待命型管理者。

时刻待命型方式不仅糟糕，也不可持续。你并没有那么多时间提供持续指导和反馈，也不应该自欺欺人地相信你一个人能够解决员工所有的问题。的确，曾经有一段时间，以积极主动、亲力亲为的方式提供持续指导是有意义的，但随着工作环境的改变以及如今所需技能的快速变迁，管理者已经不太可能解决所有的问题。

即便如此，我们仍然发现了一种能够经受住时间考验的策略，即联结型方式。我们采访过的在北美一家银行担任人力资源主管的亚里克斯·金，他表示，学习了联结型方法后，有了许多柳暗花明的时刻，管理者意识到他们并不需要事无巨细，而是可以利用广泛的人际网络来提升团队绩效。

---

[1]　一部由BBC出品的科幻电视剧。故事讲述了一位自称为"博士"的时间领主用伪装成20世纪50年代英国警亭的时间机器塔迪斯与其搭档在时间和空间中探游悠游、惩恶扬善、拯救文明、帮助弱小的故事。——译者注

如能解决持续指导这样的重大问题，所有管理者都会如释重负。尽管联结型管理者不会进行微观管理或给予咄咄逼人的指导，但他们并不自满。他们还采取了其他更有效的方式。联结型管理者会创造感应机制以正确诊断每个员工独特的发展需求。他们会个性化自己的指导方式从而更好地培养员工。此外，他们会将员工与他人联结起来，以获取最有效的支持。在下一章我们会看到，这些意味着，联结型方式能够确保管理者和员工均获得成功。

【本章小结】

· 管理者对员工的培养大多是失败的：仅有40%的员工认为他们的管理者帮助他们培养了当前和未来角色所需的技能。

· 误区一：管理者花在指导和反馈上的时间越多越好。我们的研究表明，用于指导的时长与员工绩效并无明显关联。

· 误区二：管理者始终了解什么最适合自己的员工。我们的研究表明，只有18%的员工认为管理者了解他们的工作。

· 误区三：管理者是为员工提供指导和反馈的最佳来源。由于工

作环境的不断变化以及技能的不断更新，管理者无法给出所有
答案。

- 管理者应该意识到某些触发因素，如压力增大、出现冲突或感觉
  失控的时刻会引发时刻待命型方式。

第三章
联结型管理者

银行出纳往往比我了解得更多。[1]

——杰米·迪蒙，摩根大通集团执行总裁

理查德·哈里斯医生给野猪足球队的 11 岁球员查宁·温布朗戈隆（绰号泰坦）用了麻醉剂，使他暂时失去了知觉。这是为了防止泰坦和其他男孩在被救出睡美人山洞，穿过狭窄的通道和浑浊的洪水时惊慌失措。从男孩们受困的地点到洞穴出口要花费 3 个小时，但麻醉剂只能持续 45 分钟，需要潜水员在救援任务过程中停下来重新用药。[2]

这项冒险的计划被认为是拯救困在洞穴长达 18 天的野猪足球队队员的唯一选择。[3] 府尹奥索塔纳坤和救援队其他成员评估了一系列解救方案，包括教男孩们潜水，等到季风气候结束、洞穴中水位下降后再行动，寻找另一个入口或是在较软的石灰岩层开凿救援竖井，等等，但无一可行。[4] 最终开始执行任务时，府尹组织了由 13 名国际洞穴潜水员和 5 名泰国皇家海军海豹突击队队员组成的营救小组，此外还在不同位置部署近百名泰国皇家海军和外国潜水员，为主要潜水员进行体检补给氧气罐。[5]

由于男孩们处于半昏迷状态，他们并不需要游泳，而是穿着潜水衣和浮力救生衣，戴着正压全面罩，被放置在担架上。每个男孩胸前都系着一个充满氧气的气罐，而担架则拴在两名潜水员的身上。他们负责抬着男孩穿过水下通道和可行走的路段。[6] 作为泰国潜水员之一，指挥官查亚南塔·佩拉纳荣这样描述当时的场景："有一些孩子是睡着的，而另一些则摆动着手指……（好像）昏昏沉沉的样子，但他们一直在呼吸。"[7] 即便男孩们能够保持呼吸且任由摆布，救援团队仍然要绕开一系列的陷阱和障碍。泰国潜水员和国际潜水员在通过狭窄的通道时，需要小心翼翼地控制好担架，防止男孩们的面罩撞到坚硬且尖锐的岩石后脱落。潜水员还要使自己的头部高于男孩们的位置，这样在能见度差的时候，他们会首先撞到岩石。[8]

在将每个男孩带过首段需要潜水的路段后，其他潜水员会在洞中干燥的位置与救援队会合。在洞穴中各个狭窄的、临时设置的体检点，男孩们会被脱下装备接受健康状况评估，并根据需要服用镇静剂。[9] 通过营救任务的各种复杂环节后，男孩们被一队营救人员沿着通往洞外的崎岖小路运送出去。依靠攀岩者安装的复杂的滑轮系统，男孩们在担架上经历了抬、拽、绳拉等交替操作，最终脱险。[10] 他们一出洞穴，便被送往医院进行检疫隔离，以确定他们在长时间处于潮湿的洞穴环境后是否患上了传染病。[11] 哈里斯医生很好地总结了这一复杂任务的成功："对那些孩子的责任感使我们不遗余力，并且我们的营救策略十分有效，不是一次侥幸过关，而是经过了 13 次检验，简直是不可能完成的任务。"[12]

三种联结

如果没有府尹奥索塔纳坤的领导，这场奇迹般的营救是不可能完成的。实际上，通过运用自己的知识和能力来协调志愿者和泰国海军，了解团队优势并营造良好的团队氛围，以及引入国际潜水员以促进快速学习和取得更好的结果，府尹在行动过程中充分体现了联结型管理者的所有特性。

在管理中，联结型管理者会用许多相似的方法来取得较好的绩效。具体来说，联结型管理者通过建立三种联结来提升绩效：

- 员工联结——他们通过识别员工独特的发展需求与提供个性化的指导和反馈的方式来与员工建立联结。
- 团队联结——他们通过创造一种认可且鼓励同侪指导的团队氛围，将员工与同侪联系起来，共同成长。
- 组织联结——他们帮助员工创造向组织内外合适的个体学习或对接的相关机遇，以进行指导和培养。

每一种联结都会产生特定的结果，最终将个体发展的环境、能力以及准备程度与个体的角色和目标联系起来，从而使他们最大限度地发挥潜力。在联结型管理者的关注和支持下，员工的绩效会呈指数级增长。相较于其他类型的管理者，联结型管理者不仅对员工当前的角色有所帮助，也会为他们未来的职业发展提供支持，从而极大地提升员工绩效，同时提高他们的敬业度和忠诚度。

在研究初期，我们开始调查四种管理者类型时，着重强调理解每种类型的管理者的行为和侧重点。摇旗呐喊型管理者是否会委派更多任务？时刻待命型管理者是否会参加更多会议？我们首先了解了管理者与其直接下属相关的工作，并运用这些信息来识别常见的操作。关于联结型管理者，我们发现他们会建立三种普遍联结。让我们以府尹奥索塔纳坤为中心案例来展开说明每种联结，下面将从员工联结开始，继续讲述泰国洞穴营救的故事。

图5　联结型管理者建立的联结

员工联结

府尹只有一个目标，那就是安全营救出 12 名野猪足球队队员和他们的教练。在暗无天日的洞穴中忍耐了 10 多天，听着钟乳石上源源不断的流水声，并耗费数日在洞穴墙壁上不抱希望地凿挖，受困一行人的精神状态濒临崩溃。[13] 为了更好地安排营救，府尹需要为救援小组提供其所需的关键支持，而生死攸关的形势已容不得半点差错。

正是由于这个原因，他先用宝贵的时间了解团队中泰国皇家海军潜水员各自的技能。在与他们面谈后，奥索塔纳坤就他们处理睡美人山洞中可能出现的各种情况的能力进行了评估，他甚至允许他们在确定推进措施之前依据自身状况深入洞穴中试探。[14] 这些潜水员不仅技艺超群、训练有素，也了解任务所涉及的生理和心理因素，即受困的男孩们需要获得怎样的支持以及使用何种策略才能将他们救出这危险的洞穴。也许最重要的是，他们说泰语，因而能轻松与野猪足球队队员交流。奥索塔纳坤在任务期间的第一个决定后来被证明是最关键的，抱着识别和支持团队需求的目的，他对所有成员进行了充分了解。他会询问潜水员一些问题，以使自己了解应如何完善他们的技能并提供合适的资源来确保成功。这不仅要对任务本身进行衡量，还需要评估他所需要的有关个人的技能，例如，在浑浊的水中游泳的能力或是处理男孩们健康问题的医疗经验等。

在一个更典型的商业环境（不是生死攸关的情景）中，员工联结包括管理者对团队的技能和需求的评估以及许多其他的方面。大部分管理者理应给予员工频繁、流动、手把手的指导和反馈，以提升他们的绩效。员工联结包括你与员工之间所有的个人互动，从一对一指导和直接反馈到探讨绩效目标等，它是你作为管理者的主要工作内容，通常情况下，你应把指导员工视为使命并在这个过程中彰显你的判断力。合理地建立一对一的员工联结不仅具有挑战性，而且至关重要。如果做不好这一步，就很难实现其他两项联结，因而，员工联结这一环节最有力也最艰难。

相较于其他类型的管理者，联结型管理者在培养交流上花费的时间基本是相同的，区别在于时间的分配。联结型管理者会将指导过程中的大部分时间和精力用于与员工建立深厚、丰富且坦率的关系，以准确识别他们的需求、兴趣和职业抱负。在大部分时间里，他们都在积极地聆听和提问，以此建立信任并了解员工的背景。然而，员工联结不仅限于这些内容，还能确保管理者评估一个人是否准备好接受更多的培养，换句话说，就是一个人吸收和执行新的指导和发展目标的能力。这有助于联结型管理者更好地发现一些容易被忽视的小线索，既能帮助员工找出他们的关键优势和在工作或职业中真正想实现的目标，同时也能指出阻碍他们成功的因素。

在提供反馈时，联结型管理者会灵活调整他们的指导方式以适应每个人的需求、性格和接受程度。联结型管理者会自问："这个人准备好接受更多的培养和指导了吗？"他们的反馈会优先提及员工的优势，但在必要的时候也会给出严厉的反馈。联结型管理者善于在确保员工了解自己特长的同时，给予最需要的发展建议。若与时刻待命型管理

者进行比较，你会发现两者有明显区别。时刻待命型管理者不断地提
供反馈，却缺乏对个人需求或兴趣的了解，从而导致员工感觉不自在
且不确定自己是否有能力取得成功。时刻待命型管理者给出的反馈往
往是矫正性的，在很多情况下与员工接受指导的准备程度并不同步。

　　在第四章中，我们会指导你询问员工一些有用的问题以探讨如何
建立员工联结，其答案将帮助你准确识别直接下属的需求、抱负和相
关情况。

团队联结

　　泰国皇家海军潜水员为洞穴营救提供了至关重要的技能保障，但
也有一个关键缺陷，即他们的专长仅限于开放水域，如河流、湖泊和
海洋。由于在崎岖狭窄、地形不明的地下洞穴中经验有限，他们所需
的培训时间要多于营救行动所能接受的极限。[15] 成功进行救援的时间
所剩无几，府尹需要迅速采取行动。通过让小组成员进行试验并与他
和其他小组成员分享经验，奥索塔纳坤得以更好地判断应当如何利用
其他潜水员的其他技能。幸运的是，奥索塔纳坤还有一组资源可供利
用：受当地政府邀请前来提供支援的国际专业洞穴潜水员志愿者。一
部分潜水员被派去为男孩们提供食物和水等救援物资，另一部分则负
责在洞穴中沿途放置备用氧气罐以便潜水员在出入期间使用。[16] 营救
任务中的每个角色都根据潜水员的技能和经验进行精密部署，府尹组
建了一支"梦幻团队"来解决危机。他抓住机会，战略性地利用团队

技能共享的力量加快了救援进度。这正是联结型管理者所要做的：他们会打造一个积极合作的团队氛围并鼓励成员共同成长。

当府尹将泰国皇家海军与国际潜水员相联结时，双方可以相互学习并从中获益。泰国潜水员贡献了大量的当地知识，他们了解政府的灾难应对模式，知道如何在危险中与被困者交流，并且会说泰语。而国际潜水员则有着洞穴潜行的知识和布置如呼吸装置等完成救援任务所需资源的技能。泰国海军团队见证并学到了在空间有限的危险洞穴环境中潜水的技巧，例如，如何通过阻塞点，即洞穴通道中一个非常狭窄的部分，其宽度仅为 15 英寸 ①，有一个极其尖锐的向上突起的部分，而后则是一个下行陡坡。[17]营救团队需要推着每个男孩和他的担架通过这段幽闭、恐怖的通道。通过技能分享，在国际潜水员、泰国皇家海军以及无数其他角色的共同努力下，男孩们和他们的教练最终从被洪水淹没的山洞中安全生还。

对大部分管理者来说，组建团队是为了完成任务，而不是组建一个由高绩效员工组成的精良团队。许多有关团队绩效的书籍和研究都侧重于建立信任、消除对冲突的恐惧以及增强对成功的信念等方面，以使团队运行良好、达成目标并适应变化，这自然都是伟大团队的重要基础。然而，现有关于团队的文献，其中心主题都集中于团队成果，而不是更好的个人绩效。许多管理者低估了团队发展对员工绩效提升的潜力。这一联结是为了利用团队中思想、经验和技能的多样性以及

___
① 1英寸=2.54厘米。——译者注

培养员工有意识地相互提升。团队联结不仅要依靠技能分享的显著优势，也能够鼓励员工公开分享发展需求并将此程序化。为此，联结型管理者要通过坦白自己所欠缺的经验和技能，从而在一定程度上为团队联结的这一方面提供支持。

在团队联结中，联结型管理者应该了解能够激发个人和团队的因素，从而使管理方式个性化，保证每个人都能为共同目标而努力。联结型管理者应该鼓励团队中的个体分享独特的观点、背景和经验，并利用这些差异来建立团队互信。将团队成员之间信息、优势和需求的共享制度化，也有利于员工之间相互促进，从而为团队更高效的学习和发展奠定基础。想想你的团队中潜在的协调能力——即便是一个只有 5 名员工的团队，成员之间也能够形成将近 25 种联结，从而有助于他们提升各自的技能。相比之下，时刻待命型管理方式没有充分利用团队资源。在时刻待命型管理者的指导和培养方式中，他们自己是主要的（很多情况下是唯一的）指导来源。他们不会识别或利用团队中的技能来帮助员工更好更快地学习和成长。

在第五章中，我们将讨论如何采取一种有意义且可操作的方法来实现团队中的同侪成长问题，以及联结型管理者如何使团队关注点动态化，从而为技能共享建立互信、包容和开放的氛围。

组织联结

奥索塔纳坤所建立的最著名的联结之一可能是寻求理查德·哈里

斯医生的专业帮助。哈里斯医生是著名的澳大利亚潜水员，同时也是专业麻醉师。作为最终救援计划的一部分，哈里斯医生被请来开发合适的药物组合，以使男孩们在失去知觉的同时保持呼吸，以便潜水员将他们运出山洞。[18] 最终的混合药剂包括镇静剂氯胺酮和用于减少唾液分泌以防男孩们在无意识中窒息的阿托品。[19] 作为该计划的一部分，哈里斯医生需要教会其他潜水员和紧急服务人员如何在 3 小时的救援过程中正确使用该药品。[20]

奥索塔纳坤不仅促成了这一关键联结，也为所有的团队之间的协作奠定了基调。最后这一点至关重要。联结型管理者不是仅仅将员工与其他同事、同辈或导师配对后便撒手不管，他们要为员工做好准备，以从与组织内外的其他人的联结中获得指导和发展；在联结建立后，他们会再次确认该联结的价值。我们将这个概念称为"授人以渔"（give-get）。本质上，联结型管理者在建立这些新联结时，帮助他人成了更好的学习者。这一结论直接来源于我们的调查和统计数据。与其他所有类型的管理者相比，联结型管理者建立组织联结的方式带来了更多价值。这并不意味着他们有更好的资源网络以供使用，而是他们知道应该以及如何利用他们的联结来全方位地满足员工的需求。

此外，联结型管理者通过帮助员工了解何处可以找到最合适的联结，促成了组织联结。这不要求管理者实际去绘制组织结构图，而是需要找到并利用关键联结点，例如，可以通过人力资源业务合作伙伴了解公司内部普遍需要的技能。

最后，联结型管理者明白为短期工作需求和长期职业发展所提供的指导之间的细微差别，能为这两种情况各自建立最合适的指导联结。最合适的联结并不容易建立，尤其是因为员工很少回顾他们的直接人际关系以寻求发展，而管理者通常不会帮助他们从已建立的联结中获取成长价值。然而，联结型管理者并不会因为自己不了解的事情而感到不安，而是会帮助员工在组织内外寻找拥有所需技能的人。相比之下，时刻待命型管理者有一个最致命的缺陷。时刻待命型管理者会针对各种技能提供建议，即使他们没有相应的专业知识。他们可能没有意识到自己的技能的差距或知识的缺乏，因而倾向于提供可能并不准确甚至带有误导性的指导和反馈，结果便是导致员工绩效下降。

在第六章中，我们将讨论如何通过促成发展关系、拓展员工人际关系以及在此过程中成为"积极指导者"等方式来建立组织联结。现在，我们先来将时刻待命型管理者与联结型管理者进行比较（见图6）。

	时刻待命型管理者	联结型管理者
假设	"我知道的最多，会对你的发展进行全程把控。"	"我了解你，并且我在我的能力范围内或者找到合适的人来协助你。"
行为	提供持续反馈但几乎不了解员工的需求或兴趣。	通过识别每个人的独特发展需求和准备程度，提供个性化且有针对性的反馈。
	负责每个员工全部的指导和培养。	营造一种团队氛围，认可并鼓励同侪成长。
	在各种技能上给出建议，即使他们并不具备相应技能。	通过为员工与有利于他们发展的个体建立联结，帮助员工向他人学习。
对员工绩效的影响	-8%	+26%

图6 时刻待命型管理者与联结型管理者比较

联结型管理者的领导素质

    联结型管理者所建立的联结在提升员工绩效方面具有最切实的价值。但我们的研究也发现了另外一种价值，即联结型管理者为自身培养的更广泛的领导素质。世界各地的公司都有概括管理者所应具备的技能和行为的各种框架，而这些清单提及的领导素质可达数十种。然而我们的研究表明，只有 5 种特定的领导素质会产生最大的影响，并且也是联结型管理方式的基础。这些素质巩固了联结型管理者所建立的联结，相反，如果不具备这些素质，他们就几乎不可能成为真正的联结型管理者。许多领导素质或许听起来简单易懂，但我们的研究表明，很少有管理者能够一以贯之地运用这些素质。[21] 在任何情况下，你都可以培养和形成这些素质，从而释放你内心的联结型管理者特质。

    我们发现的第一种领导素质是好奇心。联结型管理者对人和创意都充满好奇。正如戴尔公司的 CEO 迈克·戴尔在被问及哪种领导者特质最有助于领导者取得成功时所说，"我的答案是好奇心"。[22] 好奇心能帮助一个人更好地了解情况，发现新颖的解决方案，并促成更开放的交流。我们中的大部分人是生来就有好奇心的，孩提时代我们会有些过分地提出各种问题，试图为所有事物寻求解释。而坏消息是，大部分人的这种好奇心在很小的时候就停滞了。在工作场合，随着我们努力适应组织的工作方式，这种卓越的品质会一点点流失。例如，一项对 250 名新入职的员工进行的调查表明，他们的好奇心在前 6 个月内下降了 20% 以上。[23] 证据很清楚：我们只是不再像以前那样好奇了。

联结型管理者挑战了这一趋势，因为他们在整个职业生涯中都在寻求培养和表达自己的好奇心。他们真的有兴趣了解身边的人，也对他们的工作和专业领域有浓厚的兴趣，并且对新观点持开放态度。在提供反馈和做决定时，这种品质会转化成一种通过提问而非假设来寻求发现的追求。事实上，联结型管理者会比其他类型的管理者提出更多的问题，也更可能向他人征求意见。在执行计划前，他们也会理所当然地进行研究或咨询相关专家。这种对知识和理解的渴望对联结型管理者建立联结的能力起到了重要作用。

这种强烈的好奇心也体现在联结型管理者与员工的日常交流中。当我们与欧拉克的人力资源专员和文化官金伯利·布林加斯交流时，她表示，他们公司鼓励管理者对每名团队成员进行深入了解，包括员工的家庭生活、爱好、喜悦和忧虑。她甚至列举了一些具体的实践和提示，例如问一名员工"如果我真的了解你……"并让对方接着聊下去。其目的是了解每个人独特的背景、历史和当前情况，并克服管理者先前对他们可能存在的偏见。这也揭示了员工过往与管理者相处的积极或消极的经历，这些经历影响着他们对待工作和与上司相处的方式。通过这种方式，联结型管理者能够真正了解到哪些因素会助推或阻碍一个人的发展。

此外，我们发现，联结型管理者在充满挑战的情况下总是会勇敢面对。著名管理学家彼得·德鲁克曾说道："你所见到的任何一家成功的企业，都源于有人曾做了一个勇敢的决定。"[24]勇气有很多种形式，从追求非常规的创意和放弃对项目场景的控制，到做出不受欢迎的决定和提供严厉的反馈。勇气有助于解决棘手的问题，并通过消除障碍来带领组织和团队向终极目标迈进。我们往往认为勇气不是智力组成的一部分，也无法在课堂上进行传授。相反，管理者能够通过毫无畏惧地处理高风险情况而获得勇气。然而，鉴于我们在这种情况下要承担潜在的个人风险，大多数人很难始终如一地做到这一点。但联结型管理者往往会在需要勇气的情况下成为核心人物。例如，我们的数据表明，联结型管理者在必要时不会回避给出严厉的反馈。他们敢于坐下来与直接下属进行不那么愉快的交流，以帮助其纠正行为、提升绩效，也会通过调解冲突来营造健康的团队氛围。联结型管理者将冲突作为团队的融合剂——一种理解、强调和展现差异的方式。把握和运用技能、观念、背景以及经验上的差异正是建立团队联结的基础。

以斯坦利·麦克里斯特尔将军为例，他是一位在美国武装部队服役35年的老兵，曾任伊拉克联合特种作战司令部指挥官。在接受我们高德纳的同事、主持高德纳"人才视角"（Talent Angle）播客的副总裁斯科特·英格勒的采访时，这位将军承认自己在最初踏入伊拉克时，并不知道如何才能更好地推进行动。面对像基地组织这样狡猾的对手，在缺乏清晰的指挥结构和无法对大部分军事袭击做出快速反应的状况下，将军意识到他需要重新分配决策权。尽管按照军事惯例，将军理应为所有问题提供答案，但麦克里斯特尔做出了一个大胆的决定，建立了他称之为"完全透明"的制度。[25] 根据这种新方法，将军每天都会召开视频电话会议（面向所有指挥官，不分级别），通告前一天军队掌握的所有最新消息。例如，从摩苏尔行动中获取的经验和数据能够立即被传达下去，并在巴士拉或巴格达的新行动中体现出来。在过去，这种程度的信息共享会花费数天时间，并且依然不会被充分纳入决策中。更重要的是，每天的视频都列举了将军不了解的情况，而不只是他掌握的信息。这使得每个人都能听到上层领导已知的内容，揭示了所需要的哪些信息是缺失的。在军队中，指挥官听到将军说"我不知道"并将相关信息和决策向下传递，这一行为十分罕见，因而产生了广泛影响。通过一个简单的视频，麦克里斯特尔在艰难的战时环境中颠覆了部队传统的指挥结构，这需要极大的勇气。

我们发现的第三种领导素质是，联结型管理者对自己的能力和行为有自我觉察意识。福特汽车公司前 CEO 艾伦·穆拉利表示："无论在企业、家庭还是生活中，最大的提升机会都在于意识。"[26] 换句话说，联结型管理者承认自己的现状，为自己的情绪负责，会寻求帮助。这意味着，他们清楚地了解他们在技能、任务和工作环境方面的优势和弱点。联结型管理者运用这种自我觉察意识来使自己对他人更坦诚——他们会公开分享自己的差距和发展需求。他们也明白自己的行为会对他人产生影响，包括他人如何看待自己。这使得联结型管理者能够以一种充满同理心的方式与人进行沟通，并能争取建设性行动。这种自我觉察意识可以赋予联结型管理者力量，使他们做出更好的选择，在有需要时做出改变。这并不意味着联结型管理者在不断地经历变革，相反，他们是在学习如何做自己，并合理利用自己的优势和弱点。

以 35 岁的维密欧（Vimeo）CEO 安加利·萨德为例，在担任维密欧这个无广告开放视频平台的掌舵人之前，萨德在亚马逊工作了数年，担任亚马逊一家子公司的玩具类产品经理，其职责是管理一个在各行业积累了丰富经验的买手团队。[27]萨德有在投资银行工作的背景，她告诉我们："我显然对玩具一无所知，更不知道如何打造成功的玩具业务。"[28]为了弥补经验和知识的不足，萨德采取了一个简单的措施，彻底扭转了局面——她向团队坦白了自己能力上的差距。在与小组的第一次会谈中，她不仅肯定了小组成员的深厚专业知识和丰富经验，也承认了自己欠缺这些东西，这传达了她希望赢得信任的信息。随后便是一系列旨在帮助她了解玩具业务的交流、提问以及换位思考的环节，最终萨德和她的团队之间建立了联结，并创造了一种"互补的动态工作模式"来推动业务的发展。[29]坦承自己能力或经验上的缺失即便不令人恐惧，也绝对是一项令人却步的任务，大多数管理者都会极力回避。但联结型管理者认为，要想建立互信，鼓励他人分享自己的优缺点，并创造更加开放的交流环境，这一举动势在必行。

我们发现的第四种领导素质是，联结型管理者往往是多样化的学习者，即他们从任何渠道中均能有所收获。在寻求建议、专业知识或反馈时，联结型管理者倾向于不受层级关系、头衔和资历差异的限制。相较于其他类型的管理者，他们更经常地得到同级和下级同事的指导。很简单，他们会与身边所有人互动并交流想法，而不仅限于那些更有经验或权威的人。这一素质促使联结型管理者致力于建立牢固的团队联结以促进同侪成长。它也有助于管理者根据技能和专长而不是经验和资历来确定最合适的组织联结。非等级化的发展可以作为一种调整，尤其在你的工作场所文化倾向于传统等级制度而发展同侪关系并不普遍时。从组织低层获取不同的观点能够产生重要价值，特别是在当下，科技一直在更新迭代，和年长的雇员相比，年轻的雇员一般对新技能有更深入的了解。

皮克斯动画（Pixar）和迪士尼动画的前总裁埃德·卡特穆尔就是典型的例子。"不要低估来自意外来源的任何创意。灵感可能并且确实会来自任何地方。"[30] 卡特穆尔加入皮克斯公司时，正值等级制度和层层审批大行其道。这种组织结构存在一个问题，就是员工如果有疑问或想法，只能找自己的上级，再由上级逐级向上汇报。对卡特穆尔来说，这种做法很不合理。他说："公司每个人都应该可以随时同各个级别的同事进行交流。"[31] 卡特穆尔把打破层级、重塑权威作为他在皮克斯的一项重要使命，开辟了学习民主化的道路。他曾"下沉"到皮克斯的地下设计室，专心观看初级工程师工作。年轻的工程师非常紧张，以为老板在督查工作。实际上卡特穆尔只是对他们的工作感兴趣——他从未见过这样的技术手法。卡特穆尔向年轻的工程师请教，这让后者十分震惊。[32] 他非常谦虚，有很强的好奇心，愿意向年轻人学习。联结型管理者偏好去层级化工作，这体现了他们对公司全体员工专业能力的赞赏，以及对他人强项的尊重。要想成为一名联结型管理者，你必须从根本上理解他人，同时毫无保留地为他人提供指导。

我们发现的第五种领导素质是，联结型管理者愿意给予和分享，同时拥有良好的判断力。我们都希望自己的主管能够不吝于分享，这一点大概是共识。这不仅指愿意分享时间——事实上，管理者的分享涉及更重要的事，如分享功劳、信息、权力和信任。这种乐于分享的品质可以给员工赋能，使大家团结一心，实现更大的目标。反之，一名自私，甚至和下属竞争，或者不相信他人潜力的主管很难获得大家的支持和信任。还有很多管理者崇尚内部竞争，认为如果团队成员之间竞争激烈，就可以提升团队的整体水平。联结型管理者则采取相反的做法：他们不会把功劳揽给自己，因为他们明白，塑造团队意识和同员工分享功劳有重要价值。在所有类型的管理者中，联结型管理者把功劳算在自己身上的可能性最小，且最有可能认可他人的功劳。对团队表现出信任是愿意分享的一种体现，能够促使团队成员取得成功。沃伦·巴菲特说过，信任是一个组织中最强大的力量之一。他说："找到值得信任的管理者，赋予他们足够大的施展空间。"[34] 联结型管理者的乐于分享同样表现为，他们愿意指导和帮助他人——他们希望尽可能地分享自己的经验和建议，同时把分享过程作为自己学习他人经验的机会。当然，这里提到的愿意分享并不代表联结型管理者会有求必应。他们会为自己的团队和同事提供必要的支持，也会帮助后者找到或建立合适的联结，避免花费过多时间。

此书作者之一杰米毕业后进入了有 23 年历史的华盛顿知名律所——巴利律所工作。杰米向律所中的"最佳上司"之一汇报，这位上司名叫玛西亚，是一名擅长国际贸易协定的资深合伙人。玛西亚本不需要给予杰米特别的关注，但她多次对杰米进行指导，鼓励他分享自己的思考、资源和想法——尽管这并不会给她本人带来什么好处。她偶尔还会请杰米写案情摘要，甚至最后会按照杰米的想法操作。玛西亚是一位乐于分享的领导，在她的带动下，杰米也希望拥有同样的领导品质。美国运通公司（American Express）高级副总裁兼全球商业服务总经理朱莉·托米奇也赞同这一做法："我能走到今天，得益于他人的无私帮助，所以，我有责任把这份善意传递下去。与此同时，我的收获远比付出要多。"[35]联结型管理者会把每一次交流都看作帮助他人和提升自己的一种方式。

如果你是一名谆谆教诲型或摇旗呐喊型管理者，该从何处开始行动

我们已经讨论了导致时刻待命型管理方式的组织推力，以及为什么有些管理者会自然而然地形成这种指导方式。还有两种指导方式没有详细叙述，有一半的管理者都属于这两种类型——谆谆教诲型和摇旗呐喊型。这两类人如何才能转变为联结型管理者呢？

一般的组织机构可能不会倾向于谆谆教诲型或摇旗呐喊型管理方式，但很多管理者还是会逐渐形成这两类管理风格——这两类人值得我们进行更详细的分析。我们在研究中获得的线索能够让我们了解这两种类型的基础，进而得出一些结论。如果你天生是摇旗呐喊型或谆谆教诲型管理者，那么这些结论能帮助你转变为联结型管理者。

谆谆教诲型管理者会依据自己的专业知识和个人经验指导员工，提供建议性的反馈意见，在此基础上确定员工的成长方向。在大多数情况下，这类管理者是由技术型员工成长起来的领导，他们在本职工作上取得了辉煌成就，拥有过人的专业能力，因此被提拔为管理人员。我们很容易辨别出谆谆教诲型管理者——他们是同事口中"出色的销售员、工程师、研究员等"。如果你还记得我们在第一章里介绍的蒂姆，你就会发现，他正是凭借"摇滚巨星"式的编程能力赢得管理岗位的。谆谆教诲型管理者能使下属有更好的表现，但无法真正开发员工的潜力。

他们倾向于依靠自身经验给出指导，认为自己的做法没有问题——之所以这么做，一部分原因是他们在所在领域具有发言权。他们倾向于根据自己的专长对下属进行指导，因为这类专长是他们取得成功的关键原因。在给出反馈时，谆谆教诲型管理者最有可能强调"提升空间"，而且通常会很严厉。[36] 由美国经济研究局最新发布的一项研究表明，谆谆教诲型管理者这种更偏指挥型的指导和培养方式与时刻待命型管理者类似。研究人员考察了 214 家美国公司超过 5 万名销售员 6 年间的职业路径，最终得出了以下结论：表现优异的销售员更有可能被提拔为管理人员（谆谆教诲型管理者），但他们管理的团队的销售额平均下降了 7.5%。[37] 这表明，这些管理者主要依靠过去的专业知识来带领团队，而从最终结果来看，这些经验可能并没起作用，或者作用十分有限。并不是所有谆谆教诲型管理者都会犯"时刻待命"的毛病，但整体来说，他们更倾向于认为自己的方法没有问题或毋庸置疑。

在与同事和团队合作方面，谆谆教诲型管理者倾向于成为工作关系网的主导者，不管这个关系网的规模有多大。在所有管理者中，谆谆教诲型管理者最有可能建立由身边同事组成的小而紧密的工作关系网，或建立大而广的工作关系网。[38] 一部分原因是谆谆教诲型管理者喜欢结交新朋友，享受认识新朋友的快感。此外，包括同行在内的很多人都会找谆谆教诲型管理者获取与其专业领域相关的指导。从职业生涯的角度看，谆谆教诲型管理者倾向于一直在同一领域内工作，和其他类型的管理者相比，他们的职业生涯流动性较低，可能由于他们本身非常适合特定的工作、业务或职能。在整个职业生涯中，谆谆教诲型管理者没有承担过多种不同的职能和岗位，没有跳槽经历或跳槽经历较少，也没有国际化、多元文化或复合型团队的工作经历。[39] 这种职业经历塑造了谆谆教诲型管理者的团队管理方式。鉴于谆谆教诲型管理者不擅长打造多元化团队，也不太可能讨论和认可团队的成就，他们无法把团队打造成学习型团队，成员之间无法互相分享技能。

作为一名谆谆教诲型管理者，如果想成为联结型管理者，你需要把精力放在以下方面。首先，你需要更多地向下属提问，如果不提问，你可能会想当然地根据自己的特定经验或专业知识给出答案。提问能帮助你更好地理解不同的工作场景，同时了解员工是否愿意采纳你的建议。其次，虽然你愿意展示自己的强项，也愿意讨论员工的进步空间，但作为一名谆谆教诲型管理者，你不太可能，也不太能够意识到自己的弱项。你应该花更多的时间了解自己的知识和技能缺口，如有必要，你可以让更适合的同事为员工提供指导。你很可能已经建立了强大的工作关系网，所以，帮员工找老师、扩展他们的学习渠道对你来说不是难事。最后，你已经是整个团队的榜样了，可以把更多精力放在团队建设、技能分享等方面。把重点放在建立团队联结，拥抱每个团队成员的差异，让团队内的技能分享成为一种制度。

摇旗呐喊型管理者让员工自己把握成长节奏，为员工提供积极和正能量反馈，鼓励员工自我成长。正如第一章提到的杰克·塞西尔和他的招聘团队一样，摇旗呐喊型管理者不会给员工提供大量、具体的指导，相反会更关注为员工赋能，让员工自己寻找解决办法。在我们探究摇旗呐喊型管理者的管理方式时，我们更感兴趣的是他们没做什么，而不是做了什么。

通过对他们的研究，我们发现，这种类型的管理者对学习和工作普遍采取放任自由的态度。他们不会指挥或干预员工，而是给予团队足够的信任和空间来完成工作，让他们在工作中学习。在当下飞速变化的商业环境中，鼓励员工去尝试并从尝试中学习确实是一种很好的策略。摇旗呐喊型管理方式对员工的干预程度较小，这和时刻待命型管理方式形成了鲜明对比，相较而言会更受人欢迎。但摇旗呐喊型管理者应注意，放任自由不能过了头。

这类管理者会避免提供纠正性反馈，也不会谈论团队成员的发展领域，还会避免给出严厉的指导。更有意思的是，他们也不会侧重谈论员工的强项以及个人发展目标。这表明摇旗呐喊型管理者整体来说是更被动或无为的一类指导者。也许因为他们过去得到的指导较少，他们形成了这种相对消极的管理方式。事实上，他们很可能没怎么从自己的领导那里接受指导，和其他管理者相比，他们花在正式和非正式学习上的时间也最少——少20%以上。[40] 摇旗呐喊型管理者只在自己了解和擅长的领域予以指导，其他方面则延续"不干预"传统。

摇旗呐喊型管理者也很有可能根据直觉进行领导。我们发现，在进行决策和需要给出指导时，这一类管理者不会花费太多的时间和精力去核验信息、验证假设或提出问题。[41] 他们相信自己的直觉，相信事情自然而然就能得到解决。在工作内外建立关系网方面，摇旗呐喊型管理者同样采取"少接触"的方式。和其他管理者相比，他们不会花很多时间为自己的团队或其他团队的同事提供帮助。[42]

作为一名摇旗呐喊型管理者，要想成为一名联结型管理者，你需要远离一部分消极本能。对这类管理者来说，首先需要在日常工作中开展更多学习活动。想象一下获取指导和反馈、参加正式培训或阅读专业书籍可能带给你的益处。开展这些活动不仅能提升你在本职工作中的表现，还会让你知道怎么跟员工探讨个人成长和学习机会相关的问题。

同时，相应地调整指导方式，投入更多精力为员工提供更有针对性的指导。虽然为员工赋能可以推动员工去建立团队联结和组织联结，但你只有先与员工之间建立联结，才能成为一名联结型管理者。要想建立员工联结，你不仅需要对下属有更深入的了解，也需要了解你本身在指导方面具有的优势和需要提升的领域。想想你能教给团队什么，以及可以从团队中学到什么。这样的练习能够直达问题核心——帮你成为工作关系网导向型管理者。要想成为联结型管理者，你虽然不需要扩大工作关系网，但需要对如何在组织内寻找、去哪个部门寻找合适的指导联结有一定概念。因为摇旗呐喊型管理者在指导和帮助其他同事方面投入不多，绘制组织内部联结图对他们来说并非易事。我们将在第六章对组织联结做更详细的阐述，此类管理者需要在这方面投入更多精力。

书写你自己的联结故事

在理想情况下，大家应该对联结型管理者有了一个整体认识。虽然很少有人会面临泰国洞穴救援那样的生死关头，但要想取得成功，大多数管理者必须采用纳隆萨·奥索塔纳坤那样的策略。营造积极健康的团队氛围、和团队成员互相合作、分享技能以及争取更广泛的支持以达成目标，这都是联结型领导者要做的工作。

当你仔细研究联结型管理者的管理模式时，你会发现这种模式非常适合当下的工作环境。当前，随着因科技手段而联系紧密的工作团队日益全球化，联结型管理者可以有效利用员工的整体力量来进行指导。将近 60% 的员工表示，自己从同事那里学到了新技能，联结型管理者则充分利用了这种员工之间的联结。[43] 当然，管理者管理范围的扩大也让联结型管理者能够掌握充足、多元的团队信息，从而促进同侪技能分享。

当你进入后续章节时，你将看到联结型管理者如何打造上文提到的三种联结，以及如何让这三种联结相互促进。但在这之前，我们先花一点时间想一想，为什么有些管理者还没能成为联结型管理者？当大家阅读上一部分，了解当前管理者面临的根本挑战和任务以及四种管理者类型时，你可能同时在对照自己的指导方式和培养方式。你已经在思考"我是哪种管理者"这个问题了，开始对自己的管理方法有了比较清醒的认识。不管答案是什么，不要沮丧，也不要过于乐观。在所有读者中，只有 1/4 的人是联结型管理者（如果你对自己诚实的话），还有 3/4 的人不是。不管你是哪种类型的管理者，在后面的阅读过程中，你都需要完成一些任务。我们已经给出的建议以及将要给出的建议是为了给你提供指导，培养你的能力，而不是为了让你产生挫败感。世界上任何一位管理者都可以改善自己的指导方式和培养方式。接下来，就让我们进入有趣的部分。

【本章小结】

· 联结型管理者能够帮助员工在当下和未来的岗位上表现更出色，同时提升员工的敬业度和忠诚度。

· 联结型管理者通过三种具体联结来提升员工的业绩：

员工联结——识别每一位员工特定的发展需求并为其提供个性化指导和反馈，以此建立员工联结。

团队联结——营造一种认可并鼓励同侪指导的团队氛围，让员工和其他同事建立联结，共同进步。

组织联结——帮助员工在组织内外找到合适的学习对象和学习机会，获得指导和提升。

· 联结型管理者具备5种领导素质，这5种素质是他们能够创造联结的关键因素：对人和创意抱有好奇心，勇敢面对充满挑战的情境，自我觉察意识强且坦诚开放，对学习保持开放态度，愿意给予和分享。

第四章
员工联结：真正了解你的员工

重要的是，不要停止质疑。[1]

——阿尔伯特·爱因斯坦，著名理论物理学家

全球专业咨询公司埃森哲的首席总监艾莉森·卡普洛曾接到任命，去负责埃森哲公司曼哈顿办公室从20多岁的应届毕业生中录用的100多位分析师的入职和职业生涯指导。与此同时，她还需要管理自己的咨询客户。卡普洛意识到，这将是她职业生涯中最具挑战性的任务之一。她了解初入顶级公司的年轻咨询师，17年前，她也曾是他们中的一员。她明白，这些年轻人都有很强的进取心，期待也极高。我们的研究表明，和其他年龄段的人相比，千禧一代对薪酬水平、升职速度和所能得到的指导有更高的期待。[2]卡普洛告诉我们："有新员工跟我抱怨，说自己不是'数字分析师'，虽然他们根本不知道'数

字分析师'是什么。"她需要和这些新员工建立联结，确保他们获得所需要的指导，帮助他们早日适应工作环境，使他们能全身心、热情饱满地投入第一份工作中。

卡普洛认为自己是一名"正在调整中的时刻待命型管理者"，她经常想为每个项目、互动和活动提供反馈。但她明白，自己永远不可能完全照顾到这100位分析师中的每一位。刚开始接手这一职位时，她突然有所醒悟，意识到，"如果你希望看到一个出色的员工，就需要帮助他在所在职位上整体表现出色，而不仅限于在某个具体任务中有出色表现"。正是这样的顿悟帮她克服了"时刻待命"的倾向，与下属建立了员工联结。卡普洛开始明白，自己必须做好前期工作，充分了解分析师的需求，然后想办法让他们对自己的成长更具主动性，而不是按照自己的理解不停地给他们提供指导和反馈。这些工作使她快速成长为一名联结型管理者。

卡普洛是一名自我觉察意识非常强的管理者，上述这段独特经历让她很快切换为联结型管理者行为模式。我们在后面还会提到，卡普洛学会了如何提出恰当的问题，进而根据员工需求及时调整领导方式，最终和众多分析师建立了持久的员工联结。

建立员工联结的三个要点

员工联结指联结型管理者和下属之间的一对一互动——在我们看来，这是管理者的工作中最关键的部分，也是其他两种联结的基础。

在探究优秀管理者所做的工作时，我们发现，联结型管理者会同自己的下属建立特有的个人联结。每一位员工都有不同之处，所以，联结型管理者会根据他们各自的情况提供不同的反馈和指导。一旦联结型管理者明确了员工的需求，他们就会制定个性化的培养方式：或是提供有针对性的反馈和指导，或是让员工与更适合帮助他们的同事建立联结，或是让员工进一步发挥已有的优势。

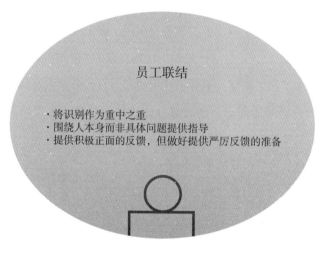

图7　员工联结

我们发现，和大多数管理者不同，联结型管理者不是花大量时间不停地为每一位员工提供反馈，而是采取三个基本原则来打造更牢固的员工联结。

第一，将识别作为重中之重。联结型管理者会通过建立信任、提出具体问题和聆听下属声音，来理解下属的需求、兴趣和期望。

第二，围绕人本身而非具体问题进行指导。联结型管理者会根据每个人的成长需求和接受能力来调整指导方式。

第三，提供积极反馈，但做好提供严厉反馈的准备。联结型管理者在给出反馈时会侧重员工的强项，但在必要时，也要提出批评。

通过对联结型管理者的分析，我们发现这三个基本原则不仅能提升指导质量，也可以帮助管理者和员工提升时间利用效率和个人绩效。

将识别作为重中之重

1991 年秋天，林肯纪念堂被逐渐升起的脚手架包围。[3] 这座纪念堂一直是美国人民自豪和独立的象征，如今看着却像一个戴着牙箍的中学生。美国国家公园管理局（National Park Service）架设了这些脚手架，打算对这座经历风吹雨打的地标性建筑进行修复。[4] 因为修复支出庞大，美国国家公园管理局需要找到林肯纪念堂磨损的原因，进而采取措施、减少磨损。

为此，他们聘请了一个由建筑师和专家组成的团队来探寻答案。[5] 一种简单的解释是，飞机排放的废气对林肯纪念堂表面造成了侵蚀。另一种解释是，林肯纪念堂本身年久失修——毕竟已有近 100 年的历史。真实原因则没那么好找：之所以会造成侵蚀，是因为有人用刺激性化学物质来清理林肯纪念堂表面的鸟粪。[6] 为什么不用水和肥皂清理呢？所有的清洁工人都会告诉你，水和肥皂不能有效去除大量的鸟粪。如果进一步发问，你就能够解决这个问题。为什么会有这么多鸟粪呢？实际情况是，每天夜里，蜘蛛都会从林肯纪念堂的表面爬过。

而当地的鸟类，如鸽子喜欢捕食蜘蛛，所以自然而然就会飞到林肯纪念堂上。[7]为什么会有这么多蜘蛛呢？它们是被这里成群结队的小飞虫吸引过来的。又是什么吸引了小飞虫呢？一方面，华盛顿所在的位置从前是一片沼泽地，另一方面，美国国家公园管理局每天傍晚都会打开泛光灯照亮林肯纪念堂——而灯光会吸引飞虫和蚊子。[8]泛光灯才是真正的罪魁祸首，原来如此！只要在傍晚之后再开灯而不是之前早早就把灯打开，就能有效地降低林肯纪念堂的磨损速度。[9]

这个故事揭示了我们内心深处都明白但不愿意承认的一个道理：我们最初的反应和猜测很可能误导我们。简单或显而易见的答案鲜有正确的。管理者特别容易掉进这样的陷阱，对下属进行假设和预判。在很多情况下，他们曾经处在员工的位置上，甚至做过同样的工作，所以，他们实际上是根据自己的过往经历做出假设。如果员工在学习某些概念或知识时有困难，管理者往往以为自己已经知道了原因。初出茅庐的管理者和经验丰富的管理者都会落入类似的陷阱，认为自己应该知道（和分享）所有答案。林肯纪念堂的故事告诉我们深入剖析原因是多么重要：我们应该透过现象提出问题，验证对员工的假设，根据实际情况指导员工，采用个性化培养方式。

作为一名联结型管理者，提出恰当的问题有助于你理解所遇到的员工问题的根本原因。（第195页的附录三"联结型管理者工具包"中"问题根源分析测评"将带你了解员工问题的5种主要根源。这个测评能帮助你在指导和培养员工时减少偏见，根据员工的需求采用个性化指导和培养方式。）

现在，我们先暂时后退一步。在你采用个性化指导方式之前，你必须先和员工建立互信，充分了解你的员工。

获得员工信任

有些时候，你很容易判断出员工在个人表现和成长方面存在的问题。在理想情况下，你问员工："为什么你总是不能按时提交任务？"员工会这样回答："我总是没办法在截止日期前完成任务。"他们可能说得有道理。在这种情况下，你可以通过有针对性的指导和培训帮助他们提升项目管理能力，问题就此得以解决。然而，在很多情况下，事情并没有这么简单。很少有员工会拖着不去解决自己在工作方面存在的问题。更多时候，他们面临更深层的问题，而且因为种种原因无法或不愿意向他人透露。可能他们觉得不便告诉你，或者你对他们还不够熟悉，无法提出恰当的建议。为了打破这层厚厚的隔膜，你需要与员工形成一种基于信任和互惠的联结，这种联结能帮你正确判断员工的需求。

新学校风投基金（NewSchools Venture Fund）执行合伙人托尼卡·奇克·克莱顿曾直接感受过员工联结的力量。奇克·克莱顿及其团队的一部分工作是为一些企业家提供指导和建议，帮助他们打造学龄前儿童公共教育所需的科技工具。她和团队会分析每一位企业家需要做哪些工作来进一步加强其产品的影响力。克莱顿会让企业家明白，她的目的是为他们提供支持、资源和资金，以此建立企业家之间的联系。

有意思的是，克莱顿用同样的方式来支持团队。她告诉我们：

"首先要和员工建立互信的一对一关系，这是一切的基础。我会对（员工的）职业目标有一个基本了解，然后再和他们建立个人联结。我会和他们谈论周末计划，这对他们来说很重要，然后看他们如何回应。"克莱顿强调，作为一名管理者，她的主要任务是提供支持。"我在每次对话中都会问，'我怎样才能帮上你？'，我想让员工明白，如果他们表现出色，我就表现出色，我们的公司就表现出色。"如果你一直问"我怎样才能帮上你？"，你的下属会有何感受？很显然，这样的问题有助于建立信任，让员工更乐意向你倾诉他们的困难和需求。

在一名新员工加入了克莱顿的团队后，信任基础发挥了很好的作用。克莱顿很快就觉察到，这名成员在发表意见和参与会议时存在一定的困难。她认为这名员工很有思想但不太自信，就对他的想法提出了表扬，同时鼓励他和团队成员分享更多想法。然而，情况并没有发生实质性的改变。

克莱顿明白，她需要获取这名员工的信任，这样才能找到问题的根源。在几次谈话后，她最终发现，这名员工十分害怕进行公众演讲。等这名员工敞开心扉后，他们一起制订了成长计划，包括接受专家培训和在"讲不好也没关系"的场合进行演讲锻炼。他们甚至制定了一个目标：这名员工将在董事会面前进行展示（用克莱顿的话来说，"在公司的创始人面前展示——确实很吓人！"）。克莱顿表现出对员工完成计划并在董事会会议中进行展示的信任，让这名员工重拾自信。到了年底，这名员工在董事会面前进行了出色的展示。

　　通过不断询问员工如何才能为他们提供帮助，克莱顿与他们建立了信任，然后可以根据所获得的信息来提供相应指导。这种信任形成了员工联结的基础，让她对员工有了足够了解，使她能够对他们面临的困难做出评估。这里我们可以学到一些关键性经验。首先，要想对员工的需求进行综合判断，你需要先建立信任的基础。其次，互信能让你更快速、更容易地剖析员工的需求。最后，如果员工相信你能够支持他们的个人和职业发展，他们在谈论个人需求和困难时就会更加坦诚。

　　美国加州克莱蒙神经经济学研究中心的教授和创始主任保罗·扎克几十年来致力于研究工作场所中的信任问题。他的关键性发现进一步验证了克莱顿采取的联结型管理方式。扎克说："与组织信任度较低的员工相比，组织信任度较高的员工的工作效率更高，工作精力更旺盛，能够和同事进行更好的合作，与雇主相处的时间更长。同时，他们面临更少的慢性压力，生活满意度更高，而这些能够带来更好的工作绩效。"[10]扎克倡议管理者向员工这样发问："我是否能帮你更好地获取下一份工作？"这样的问题表明，管理者对员工的帮助可以让他们在未来受益。[11]①

　　为了建立信任，联结型管理者会通过发问来鼓励员工倾诉自己的需求、兴趣和愿望。他们还会一直对员工表示支持。然而，只提出问

---

① 　此问题真正要表达的意思是，管理者在帮助员工提升工作适应性和竞争力方面能起到哪些主动的作用。并非鼓励或者暗示员工应该离职寻求其他工作。——译者注

题和表示支持还不够。联结型管理者会持续跟进，通过自己的行动来表明自己信任员工，不管是像克莱顿一样让员工在董事会成员面前做展示，还是帮他们找到下一份工作，抑或是带领团队时给他们更大的空间。建立信任虽然看起来并不复杂，却是建立员工联结的第一步。

提出具体的问题

我们的研究表明，很多管理者忽视了为员工提供指导的目的。事实上，很多管理者在定期同员工进行工作交流时，更倾向于给出解决方案，而不是提出具体的问题。但在指导中提出问题可以挖掘员工潜力，找到员工成功路上的阻碍因素或绊脚石。

在管理年轻分析师团队时，卡普洛通过提问来发现他们的志向和兴趣。她明白自己无法在每一位分析师身上无休止地花时间，于是宣布了一项"敞开心扉"政策，鼓励员工主动来找她沟通，同时每月专门选择一天作为访谈日，和员工进行一对一交流。随着时间的推移，她逐渐了解到哪些问题更有可能获得有效信息，哪些问题不太有用。比如，像"最近怎么样"这种过于笼统的问题常常会引发30分钟严重跑题的个人情绪的宣泄。卡普洛发现，要想获得所需信息，她需要把问题设计得更有针对性。从实际执行情况来看，她发现以下问题通常会促成最有成效的对话：

· 你觉得哪些工作内容让你兴奋且有无穷的工作动力？（找到

日常工作中能有效激励员工的内容和事项。）

· 做出哪些改变可以让你对当前工作更满意？（帮助员工思考
问题的解决方案。）

· 在工作之外，有什么事情能让你保持生活的积极性？（找出
员工工作之外的热爱和兴趣所在。）

· 你从今天的对话中收获了什么？（让员工关注对话的成效。）

我们从第三章了解到，联结型管理者通常好奇心很强，所以一般
更容易提出问题。然而，仅有好奇心还不够。联结型管理者会提出发
人深省、有具体情境的问题，目的在于对员工本人以及他们面临的挑
战有更深的了解。这有助于管理者建立更牢固的员工联结。

但哪些问题是最应该问的呢？经过精心设计之后，这些问题应该
能够使假设明晰，激发创造力，拓展可能性。在实践中，效果最差的
是那些可以通过"是"或"不是"来回答的封闭式问题，以及用"哪
些""谁""什么时候""哪里"等开头的问题。当然，你偶尔也需要
这样直截了当地发问，但这些问题无法让你对员工有更深的了解，从
而给出有效指导。联结型管理者倾向于提出开放式问题，即以"什
么""如何""为什么"和"如果"开头的问题（见图8）。

建立信任
· 我怎么做能更好地帮到你？
· 你还需要哪些帮助？需要从谁那里得到这些帮助？
· 在你申请下一个岗位/工作/项目时，我能做什么？
· 在工作中和工作之外，什么事情能让你受到激励，感到兴奋？

理解员工处境
· 如果我真的了解你……（员工的一些情况），会有什么不同？
· 是什么在拖你的后腿？
· 是什么让你取得了进步？
· 你对……（某种场景/问题）怎么看？你觉得你的看法和其他人有什么不同？

寻找解决方案
· 我们本可以有哪些做法？
· 你觉得需要做什么来改善这种情况？
· 你当时为什么认定这就是最好的解决方案？
· 我们还需要考虑哪些方案？

理解员工的接受程度（对自己发问）
· 员工对这份工作掌握了多少？
· 员工需要花多长时间来理解新概念或新技能并把这些概念或技能付诸实践？
· 综合考虑工作因素和生活因素，员工是否有能力以及是否有意向做更多的工作？

图8　最有效的联结型管理者问题

练习积极倾听

如果不会积极倾听，就无法提出合适的问题。积极倾听不仅指听他人所说的话，还指精力高度集中，理解、记住谈话内容并做出回应。[12] 如果不能积极倾听，你就无法及时调整问题、发现员工的需求，也就不可能找到正确的解决方案。然而，面对不停涌入的上百封邮件、马上要进行的下一场会议以及不断逼近的截止时间等压力，从繁忙的日程中挤出一对一谈话的时间并非易事，甚至是一种奢望（管理者和员工都会面临这一问题）。事实上，大多数管理者都会很惭愧地承认，在和不同的员工进行多次同类型的指导对话之后，自己曾拒绝过其他员工提出的类似对话请求。

设想一个场景：乘电梯时，你身旁有一个你见过一两次但叫不上名字的同事。我们都经历过这样的"话到嘴边"的尴尬时刻，见到一个熟悉的面孔但想不起来是谁。这种忘记别人名字的现象十分常见，心理学家还对此给出了多种解释。一种解释是，我们专注于自己要说的话（自我介绍），没去听对方说话。心理学家还表示，名字是"低频"词——在我们认识的人中，我们只会称呼很少一部分人的名字，而且不常在对话中提起别人的名字。而且，名字没有近义词。然而，还有一种解释，我们之所以记不住别人的名字，是因为情境依赖心理。当我们在与当前不同的情境中见到某人时，更难记起他的名字。

这些倾听陷阱不仅限于记名字。日常生活中大概有一半的对话都会"左耳朵进，右耳朵出"，配偶跟你讲述一场漫长客户会议的前前后后或是你问孩子今天在学校做了什么都属于这种情况。这种情况在工作中也经常发生。这里要说的是，管理者在和员工的一对一交流中很难做到全程积极倾听。但积极倾听会给你带来很大帮助，不仅限于帮助你更好地判断和理解员工的指导和成长需求。事实上，你的员工在感到被倾听时，会出现一种积极的心理反馈。研究表明，一个人在感到被积极倾听时，会更容易袒露自己的需求、愿望和脆弱的一面。[13]

积极倾听还可以让你更好地进行管理。《人格与社会心理学学报》（*Personality and Social Psychology Bulletin*）的一项研究表明，高质量的倾听（注意力集中，可以产生共情，不带评判地倾听）能够对说

话者的情绪和态度带来积极影响。在这样的倾听过程中，你不会根据
自己的经历、判断、价值观和需求对信息进行过滤。在一项实验中，
研究人员把 112 名本科生分成讲话者和倾听者。研究人员给半数倾听
者发送了信息，以此分散他们的注意力，然后询问讲话者对这次谈话
有什么感觉。实验表明，面对专注的倾听者，讲话者会更放松，自我
觉察意识更强，能够更好地适应听众，和听众建立更强的联结。[14]

提出具体问题和练习积极倾听两者密不可分。联结型管理者会善
始善终，也就是在倾听对方的答案后做出行动。作为打造员工联结的
一部分，联结型管理者会在做出决定时充分听取员工意见，帮助员工
实现个人成长目标，找到问题根源，为员工提供更加个性化的成长
体验。

成为一名积极的倾听者

如何提升你的倾听技能？以下是联结型管理者给出的建议：

- 专注倾听。专注于员工正在讲的内容，不要打断。不要过早
  打破沉默——让员工有思考空间。一名联结型管理者解释说：
  "我认为之所以很难做到积极倾听，是因为我们常常在'倾
  听'的同时'观察'。越能专注于'倾听'，就越能给出好的回应。"
- 复述所听内容。复述员工提到的关键点，这能很好地帮助你
  积极倾听，跟上他的思路。"我会向讲话者复述我听到的内
  容——这样可以确认这是否他们想表达的意思。这样一来，

你就可以发现细节，避免产生误解。"

- 倾听言外之意。一般来说，倾听言外之意和倾听员工所讲的话一样重要，甚至前者比后者更重要。"有时候，你需要领悟一句话的言外之意来了解讲话人当下的感受或思考。不是每个人都会把一切说得明明白白，你可以通过觉察他人没讲的话、没做的事或没提的问题学到更多。"

- 关注细节。去倾听员工的逸闻趣事和对他们来说最重要的经历。"在建立个人联结时，不起眼的小事往往能起大作用。我会专门记住员工的孩子和其他重要人士的名字。这会让会议开始前的闲聊显得更亲切。"

- 找到能产生"共鸣"的点。表现出共情（表明你理解对方，对对方所说的感同身受）会让你的团队成员更乐意敞开心扉，分享他们的顾虑和发展需求。"就我个人经历而言，分享糟糕的经历可以建立最紧密的联结。找出困扰员工的事情，表达同感（当然，在表达时要注意专业性）。"

- 全身心来倾听。专心倾听并吸收听到的内容。远离所有干扰因素（远离电脑，把手机放下），全身心投入。"我应用了孩子在学校里学到的'全情'倾听的概念。这指的是你不仅要用耳朵来听，你的眼睛也需要注视着讲话人，停止讲话，身体正对着讲话人，大脑在思考讲话人正在说的话，内心关心听到的内容。"

围绕人本身而非具体问题进行指导

做父母的人有时候会认为，自己在老大身上使用的教育方法在老二身上同样适用："哥哥当时这么哭是因为在长牙齿，所以给妹妹一个橡皮圈就行。""哥哥还是个婴儿时喜欢吃米糊，所以在妹妹开始吃固体食物前先买 8 磅①米糊吧。""哥哥小时候调皮捣蛋时，我们每次大喊'住手！'，他就会变乖，为什么妹妹不听话呢？"慢慢地，第二次育儿的考验与磨难让大多数家长不约而同地意识到：每个孩子都不相同。尽管为人父母不等同于做管理，但两种角色都面临着同样的挑战：对一个人适用的方法无法完全复制到另一个人身上。

联结型管理者会调整管理方式

当我们向客户介绍联结型管理者模式时，很多人会问："为什么会有最佳方法？最好的领导者难道不是根据员工需求来调整方法的吗？"我们一般会这样回复"是这样，但是……"。尽管和其他管理方式相比，联结型管理方式确实在各个层面的积极影响最大，但你还是需要根据下属的需求来调整管理方式，这是建立员工联结的最关键要素。每个人都属于四种主要管理者类型中的一种，而联结型管理者在理解员工需求后，会借鉴其他类型的管理方式的常用手段。

比如，一名联结型管理者可能会了解到自己的某位下属在某项活动中表现不佳。在和这名员工以及周围同事接触后，他可能会发现自

---

① 1磅≈0.45千克。——译者注

己是为员工提供反馈的不二人选。因此，他可能会在这项活动中频繁地提供反馈意见，乍看上去有点像时刻待命型管理者。他还可能发现，自己的某位下属表现突出，有带领团队的意愿。在这种情况下，他们可能会采取不插手的态度，充分给员工授权。这时候，他在某些方面很像摇旗呐喊型管理者。

在给下属提供反馈和指导之前，一名联结型管理者必须问自己两个关键问题。第一，员工需要获得反馈或指导吗？第二，我本人是提供反馈或指导的最佳人选吗？联结型管理者会问自己这两个问题并根据答案采取不同行为，这一事实使他们和时刻待命型管理者区分开来，有助于他们建立员工联结。时刻待命型管理者在任何情况下都会提供反馈或指导，不管员工是否需要，而联结型管理者只在员工需要加强或提升的方面提供反馈或指导。时刻待命型管理者还会认为自己是提供反馈或指导的最佳人选，联结型管理者会先对情况进行分析，确定员工需求后，为员工找到最适合提供反馈或指导的人选。

联结型管理者一旦确定自己是提供反馈或指导的最佳人选，就会根据每位员工的需求采取相应的指导方式。选择恰当的指导方式并不只是让员工实现特定领域的明确目标。联结型管理者同时会十分关注员工在一段时间内能够消化多少，并相应地给出指导。

根据员工准备就绪程度进行调整

2015 年，整个公司处于高速发展和变化中的易贝（eBay）任命了一名新的 CEO。为了实现公司目标，易贝需要公司领导层调整领导方式，为员工提供更好的指导，创造条件让更多员工取得成功。易贝想雇用有抱负且能迅速抓住新机会的员工，所以需要一种新的方法为能力强、有事业心的员工评估和分配成长机会。此外，易贝意识到了帮助管理者提供个性化指导的重要性，因此，它独创了一个体系来帮助管理者判断员工是否愿意承担额外的工作，评估员工在当前岗位上的成长潜力。"成长准备"的概念与员工的成长需求和学习能力有关。这个概念不仅可以帮助管理者了解员工完成工作、拓展职业生涯所需的技能和知识，还可以帮助管理者发现并跟踪员工承担挑战性项目和接受指导的能力。据易贝介绍，"成长准备"由三个因素组成：

- 技能掌握程度：员工对当前的工作掌握到什么程度？
- 学习敏锐度：员工理解和应用新概念或新技能的速度有多快？
- 自驱力：综合考虑工作和生活因素，员工承担额外工作的能力和意愿有多大？

根据每个员工在以上三方面的得分，可以把员工分成以下三种类型（见图 9）：稳定准备状态（在当前岗位上还需要提升），加速准备状态（可以承担拓展性任务），或最佳准备状态（已经做好接受新岗位或承担新责任的准备）。管理者会根据每个员工的需求和分组提供不同的成长指导。

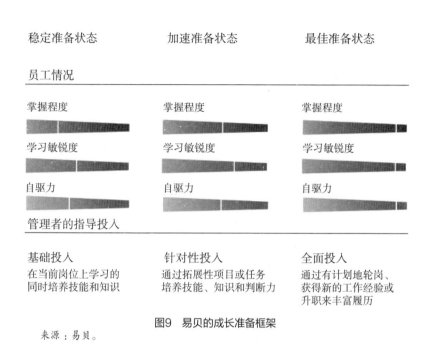

图9 易贝的成长准备框架

来源：易贝。

易贝意识到员工的兴趣、期望和成长需求会随着时间的推移发生变化，所以鼓励管理者和员工保持对话，掌握员工的实际情况。不过，易贝没有规定管理者以固定频率和员工进行对话，或是"无时无刻、事无巨细地提供指导"，而是为管理者提供了四种指导情境，分别和员工绩效周期的不同阶段相对应。我们把这些阶段称作"员工指标"，表明指导应根据员工的具体情况而定，而不是仅由管理者决定。对易贝来说，这四种指标分别是（见图10）：

员工指标	管理者指导回应
规划成功 员工在年初准备启动新项目或任务时	指导应明确员工的项目目标、资源需求、实施思路和采取的措施
执行成功 员工在执行任务时	指导应帮助员工提高责任心，保持对执行程度的跟踪，头脑风暴问题解决方案
评估成功 员工已经完成项目或任务，或正进入年度绩效考核时	指导应促进员工主动学习，认可员工的贡献和影响，同时给予与员工贡献相称的奖励
职业生涯发展成功 员工从当前成长中获益，准备投入长期的职业发展时	指导应找出员工当前的发展需求，帮助员工探索长远职业兴趣和

图10　易贝关键指导时刻

来源：易贝。

易贝的一名人力资源主管告诉我们："有时候你需要教导，有时候你需要指导，有时候你需要解惑。事实上，你需要帮助员工尽快给出最佳表现。你需要根据不同情况给出相应的指导。"

这种情境化、个性化的方法能帮助管理者为团队成员确定合适的成长速度。为员工提供指导，不仅仅是要了解员工在某个特定阶段的需求和能力，还有更多的事情要做——考虑员工对指导的接受度。

根据员工接受度进行调整

如果你担任过一段时间的管理者、导师或教练，你可能会发现，接受指导的员工与抵触指导的员工之间有很大的不同。很显然，为心态开放、希望听取各类反馈的员工提供指导更容易。然而，很多人只愿意听正面的反馈——甚至拒绝任何反馈。这种态度一般不会被轻易察觉到。

抵触指导的员工一般会有以下表现：

- 听取指导或反馈时，肢体语言没有反应；
- 极少询问管理者对自身项目或个人表现的看法；
- 在指导或反馈谈话中变得愤怒或很容易情绪激动；
- 公开抱怨和抵触管理者提出的解决方案。

相反，接受指导的员工一般会有以下行为：

- 积极征求管理者对所负责项目和个人表现的意见；
- 认真听取指导和反馈（记笔记，给出确定的回应并提出问题）；
- 开诚布公地表达自己需要提升的领域和弱项；
- 对反馈做出回应，表明将要努力提升的领域和采取的措施（最重要的一点）。

联结型管理者通过员工给出的信号来解读下属是接受还是抵触反馈和指导。有些看起来愿意接受指导的员工可能在掩饰内心的抵触。对于有抵触心理的员工，管理者将面临双重挑战。首先，管理者需要让员工意识到并承认自己存在的问题。其次，管理者需要他们采取行动以解决问题。

上文提到的艾莉森·卡普洛曾面临下属表现不尽如人意的问题。当时，几位分析师来找卡普洛，称自己的小组长刚愎自用、无法合作，未征求他们的意见就把工作分配下来。作为这名小组长的主管，卡普洛需要摒弃先入为主的假设，了解小组长做了些什么，还要让他了解同事对他的工作方式有什么看法。要想完成这项工作，卡普洛需要提出不带评判的问题来帮助他理解和接受自己存在的问题，比如，"你分配工作的方式是什么？"或"如果同事在不征求你意见的情况下把工作分配给你，你会怎么想？"。在卡普洛发现这名下属能够理解同事们的想法后，她给出了更直接的反馈和具有针对性的指导，以帮助他更高效地带领团队。

有一个方法被证明适用于存在抵触心理的员工，即通过提问，让员工意识到自己面临的挑战和需要提升的领域。最好的管理者会为团队调整管理方式和问题，而不会期待团队为自己做出改变。根据员工的成长准备和接受度进行调整是践行"指导对象是人而不是问题"原则的两种方式。了解员工所想会让你更容易找到对每个人最有效的管理方式，同时巩固员工联结。

提供积极反馈，但做好提供严厉反馈的准备

当管理者与员工一对一交流时，涉及工作绩效的反馈和相关分析活动的对话最多。从现在非常熟悉的"持续反馈法"，到"三明治赞美法"（管理者在两个正面反馈中夹杂一个负面反馈），已经有无数种

理论告诉我们，管理者应该怎样给出反馈。我们的研究再次表明，联结型管理者在这方面有独特的方法，会把反馈作为员工联结的一部分。

首先，我们发现，和其他类型的管理者相比，联结型管理者会在给出指导和反馈时更强调员工的强项。[15] 他们希望通过员工擅长的方面来增强员工的自信、强调员工的潜力。尽管强调员工强项的管理方式近年来不断被强化，但这并不是一种新的方法。不过我们发现，联结型管理者也会给出严厉的反馈——几乎和时刻待命型管理者一样。这符合第三章提到的联结型管理者的一个特征，即勇敢面对具有挑战性的情境。在必要时，他们不会畏惧进行严厉的一对一交流，并通过建立信任和支持的坚实基础，让这样的对话显得没那么尴尬。

给出批评性反馈很难，尤其是对新的或没有经验的管理者、更注重人际关系或对下属情绪非常敏感的管理者来说。女性管理者有时会因为太严厉或太温柔而受到批评，这可能是一种成见。不过我们的研究表明，男性管理者和女性管理者中联结型管理者所占的比例大致相同。[16] 不管是哪种性别，联结型管理者都能在感同身受和直截了当之间找到关键平衡点。

弗兰·豪泽在《善良女孩的神话：成就你热爱的事业，不变成你讨厌的人》(*The Myth of the Nice Girl*：*Achieving a Career You Love Without Becoming a Person You Hate*)一书中分享了第一次做管理者时面临的挑战："27 岁那年，我在可口可乐公司接手了第一个管理岗位。在某些方面，我做这份工作比其他人更得心应手。我是一个善良的人，对团队成员有很强的同理心。这让我成为一个好的导师和参谋，但也让我很难提出批评……我知道团队成员很难接受批评，所以，我实在不忍心让他们觉得不舒服。"[17]

豪泽的担忧能够同时引起男性管理者和女性管理者的共鸣（包括那些未曾给出太多负面反馈的人）。后来，联结型领导者的共性特征帮助豪泽消除了这种担忧：真实且有自我觉察意识。豪泽了解了自己的处事风格和习惯。她在美国在线（AOL）担任主管时，需要同一名员工进行一次严厉的谈话。这名员工负责上线一个网站，但网站运行不佳。这一次，豪泽对谈话有了更充分的准备。"我的办法是把'人'（詹姆斯）和'事'（没有达到目标）区分开，向他提出我精心设计的问题。我没问'你觉得你本可以采取哪些不同的做法？'，而是问'你觉得哪些方面可以有不同的操作？'。"[18]就事论事是一种非常有效的技巧，可以降低引发抵触反应的风险。豪泽提倡通过精心设计的启发性问题来帮助员工意识到自己需要做出改变。

除了提出恰当的问题帮助员工建立自我觉察意识外，联结型管理者还会利用所学给出具体可行的反馈，无论是正面反馈还是负面反馈。他们自己非常清楚为什么要给出某个反馈，也会让员工明白这一点。这种做法显著降低了给出负面反馈的难度。针对某项业务目标而不是个人错误给出建议能减轻接受者的挫折感，降低个人针对性，同时让想传达的信息被顺利接受。

一般来说，管理者在给出正面和负面反馈时需要牢记组织文化、组织政策和管理规范。比如，在格外强调个人强项的组织中，和员工讨论需要提升的空间会比较少见，也会让员工很不适应。而有些组织，如网飞公司（Netflix）则欢迎任何类型的反馈。[19] 尽管如此，请不要以组织文化和规范为借口而避免给出严厉反馈。遵循本章列出的步骤和范例，利用已有的互信关系和对员工问题根源的深层理解，管理者可以更容易地给出正面或负面反馈。正因如此，你将建立牢固的员工联结，迈出成为联结型管理者的第一步。

亲身实践：员工联结

管理者和下属的一对一交流能够为员工联结奠定基础。马上行动起来，避免简单猜测，深入理解每个人的需求。久而久之，管理者将能够在恰当的时机为员工提供恰到好处的指导或反馈。

对问题进行有效剖析是建立员工联结最重要的一种策略。林肯纪念堂的例子印证了这一点：灯光吸引了飞虫，飞虫吸引了蜘蛛，蜘蛛吸引了鸟。美国国家公园管理局发现了这些情况，因为他们对问题进行了深入研究和剖析。同样，你可以利用提问以及积极、客观的聆听获得信息，给出有针对性的反馈和指导。本书告诉我们，管理者越了解团队成员，指导效果越好，团队成长越快。

和员工建立互信关系，对问题进行剖析，这些除了让你对员工加深了解，还会为你的管理提供另外两个抓手。首先，你可以在掌握信息的基础上调整指导方式，以便适应员工需求。有些人需要不断接受挑战来激发潜力，而另一些人只有在安全的环境中才能保持积极性、敢于承受风险。对员工需求的了解决定了你对指导方式的调整。其次，剖析问题能让你发现他人长处的同时给出具体的、客观的评判，从而激励员工不断突破、取得进步。重申一次，建立员工联结的基础是了解团队中的每个人。

如果你像联结型管理者一样有好奇心、有自我觉察意识、有同理心，而且你的组织文化支持员工成长，那么建立员工联结就会更容易。除此之外，我们还开发了一套工具来帮助你建立这种关键联结（见第195页附录三"联结型管理者工具包"）。

建立员工联结的工具

- 员工问题根源的分析工具——这套工具将引导你问自己"为什么"，分析员工表现不佳的原因，让你放下对员工先入为主的假设。
- 以员工为中心的对话指南——这套工具将提供基本的评估问题，帮助你剖析员工发展新技能的准备程度，为你进行指导谈话做好准备。
- 建设性反馈讨论指南——这套工具里的问题将帮助你提供坦诚的、基于证据的、前瞻性的反馈。

【本章小结】

· 建立员工联结的第一步是和员工建立信任基础。一旦打好了信任
基础，员工就会更愿意在问题剖析环节吐露成长需求。
新学校风投基金会的托尼卡·奇克·克莱顿通过在成长对话中问
"我怎么能帮上你?"来建立信任。

· 联结型管理者和其他类型的管理者的一个区别是，他们会积极倾
听和进行有效发问，从而剖析下属的成长需求、兴趣和期望。这
种对剖析问题的重视有助于建立员工联结——专属于管理者和每
一位下属的个人联结。提出最有效的联结型问题。
埃森哲的主管艾莉森·卡普洛通过提问来了解员工。在分析员工
表现不佳的根源时，她会提出另一组不带评判的问题。

· 联结型管理者根据每个员工的期望和个性来调整指导方式，指导
对象是人，而不是问题。
易贝为管理者提供了一个评估员工的成长准备程度的框架体
系，管理者可以根据这一框架体系来确定如何为员工调整管理
方式。

· 联结型管理者会侧重于给出积极反馈，但也会给出严厉的反馈。
他们既会表扬员工的强项，也会在必要时进行严厉批评。

当媒体执行官弗兰·豪泽需要给出严厉反馈时，她试着以"感同身受且带有鼓励意味的方式给出反馈，让反馈成为一种有益的建议而不是严厉的批评。"

第五章
团队联结：将成长变成团队共识

单打独斗，未若合众人之力。[1]

——肯·布兰查德，康奈尔大学博士、知名作家

如果你曾看过任何一档著名的烹饪节目，如《地狱厨房》等，你就会对专业厨房高强度、总是吵吵嚷嚷的工作环境印象深刻。[2]厨师们必须在酷热的环境下完成操作，同时面临严格的时间限制，还要随时接受顾客的监督。员工通常在凌晨时分才能下班，所遭受的谩骂声回响在耳边，内心更是充满伤痕。这些消极面在餐饮业非常典型和普遍。

作为本次联结型管理者研究的一部分，我们对南非一家博彩公司的人力资源主管史蒂夫·豪厄尔进行了深度采访。豪厄尔希望改变公司的管理文化，他向我们描述了约翰内斯堡赌场后厨的工作环境："员工认为，要想成功就必须强硬。"对很多饭店员工来说，除了粗俗的

咒骂和大喊大叫，没有其他行得通的工作方法。或许是因为工作环境比较混乱，时刻待命型管理者一度统治了专业厨房。用豪厄尔的话来说，主厨需要"飙脏话"来管理和控制厨师团队。

然而，当豪厄尔了解本项研究后，他开始倾心于联结型管理方式，思考自己是否可以在一个嘈杂的赌场后厨进行一项重大的社会试验。在这样杂乱无章的工作环境中践行联结型管理理念是否可行？豪厄尔马上发现，答案非常肯定。

试验的第一步，豪厄尔找到一名在职业生涯中充分展示出联结型管理者特质的主厨。他让这名主厨进入公司在约翰内斯堡的一家酒店，用豪厄尔的话来说，这家酒店的后厨"可怕至极"。这名主厨采取的第一步是了解厨房里的其他厨师，包括他们各自的技能和兴趣等，同时了解厨房动态。在对问题进行剖析后，他发现，所有厨师的烹饪水平都很高，但他们过于独立、缺乏合作，因此制作出的菜肴并不协调，厨师们因此互相指责。这名主厨下决心创造全新的工作环境，让每个厨师都得到应有的支持和鼓励并互相学习。仅仅两个月后，豪厄尔就惊讶地发现，厨房发生了翻天覆地的变化，厨师们互相予以正面反馈，服务质量显著提升，整体形成了一种更具有支持性的文化。此外，整个菜单得到了改进，厨房得到了改善，推出了新的套餐供顾客品尝。豪厄尔告诉我们："这是一个惊人的对比。长期在厨房工作的人可能会认为联结型管理方式在这里不可能行得通，但我们在这次试验中证明，它确实行得通。在这样一个极端的案例中取得成功，着实非同寻常。"

史蒂夫·豪厄尔的故事非同寻常，因为它证明，联结型管理模式在任何环境下都行得通，并能取得良好效果。事实上，豪厄尔给我们分享的并不只是某个厨房因为一名联结型管理大师而发生了重大改变。这个故事告诉我们，联结型管理者可以通过彻底改变团队氛围，让每一位员工受到激励，得到团队支持，进而有最佳表现。

团队是重要的学习场所

过去 10 年间，团队话题引起了人们的强烈兴趣。这一领域的专家，包括《团队协作的五大障碍》（*The Five Dysfunctions of a Team*）的作者帕特里克·兰西奥尼以及《X 型团队》（*X-teams*）的作者黛博拉·安科纳和亨里克·布雷斯曼，已经对团队在提升绩效方面起到的重要作用进行了大量阐述。[3] 他们所出版的书大部分都在讨论团队活力、创新以及团队如何提升业务成效。虽然这些都是相关主题，但很少有书籍会专门介绍团队如何通过同侪支持和共同成长来取得更好的成绩，或管理者如何在团队中鼓励互助行为和支持文化。

在某种程度上，团队成员帮助彼此成长是很自然的事。当前，工作岗位要求和技能要求不断变化，约有 1/4 的员工把团队同事作为获取反馈的主要来源。[4] 然而我们的研究表明，虽然大多数员工都愿意和同事讨论自己的优势并慷慨分享知识，但绝大多数人并不习惯分享自己的技能缺陷（弱点），更不认为自己需要为同事的技能提升承担什么责任。[5] 要想创造一个共同发展的良好环境，员工除了分享强项，还必须勇于展示自己的弱点。这就是联结型管理者发挥作用的地方。联结型管理者创造出高度信任的工作环境，让员工可以把自己的强项和所期望的提升需求开诚布公地告诉大家，同时鼓励和激励员工帮助其他同事共同成长。

联结型管理者建立的团队联结不仅仅是被指派任务时的必要沟通，也有非正式的互动和交流。这两种互动都可以促进团队成员间的技能分享，进而把团队转变为一个重要的学习场所。我们曾间接提到，建立团队联结比你想象得更难。虽然任何一个团队的成员都有多样化的技能和知识，但只有 1/4 的管理者——联结型管理者——会让自己的下属学习其他团队成员的知识和技能。6 联结型管理者会充分利用团队成员技能的多样性来建立团队联结。例如，约翰内斯堡赌场的那位联结型主厨花时间来了解厨房里每一位厨师的技能、经历和兴趣。他创造出了互相支持、互相信任的环境，为厨师间的合作注入了能量。这种"能量"不只是一个噱头。联结型管理者会有意识地不断鼓励团队成员互相给予指导、建立团队联结。当然，他们也不会像摇旗呐喊型管理者那样只是旁观。联结型管理者会主动告诉员工可以从同事身上学到哪些特定的能力，还会找出并弥合员工之间的差异。这名联结型主厨让技能互补的厨师组成搭档，鼓励他们帮助对方提升。经验丰富的屠夫和炖肉专家组成搭档，有分子美食 ① 背景的厨师和有传统法

---

① 又称为分子料理、人造美食，是指把葡萄糖、维生素C、枸橼酸钠、麦芽糖醇等可以食用的化学物质进行组合，改变食材的分子结构，重新组合，创造出与众不同的可以食用的食物。比如，把固体的食材变成液体甚至气体食用，抑或使一种食材的味道和外表酷似另一种食材。——译者注

餐背景的厨师组成搭档。这名主厨会鼓励厨师们优势互补，并在他们互相分享技能时提出表扬。他征求了各位厨师对原料和菜单的意见，确保每个人的想法都被听到和考虑到，尽管并非每个人的想法都会得到实施。在某些方面，联结型管理者就像创造自己大餐的主厨。他们一直关注"后厨"（工作环境）的动态，但只在必要时才会亲自介入。像这位主厨一样，联结型管理者明白，只有以恰当方式把合适的"原料"——也就是团队——组合在一起，才能创造出理想结果。

建立团队联结的三个要点

建立团队联结需要信任、坦诚和自我觉察意识，还需要养成新的行为习惯，尽管这些行为有时候会和大部分工作环境格格不入。通过定量分析和定性研究，我们发现联结型管理者会采取三种必要手段来巩固团队联结（见图11）。

第一，通过激励手段营造团队氛围。联结型管理者会努力了解打造团队凝聚力的因素，相应地调整管理方法，确保团队成员都朝着同一个方向努力。

第二，识别并接纳个体差异。联结型管理者鼓励团队成员分享自己独特的想法、背景和经历，并通过识别和接纳差异来建立团队信任、培养新技能和改善团队成果。

第三，让同侪技能分享成为惯例。联结型管理者会把团队信息、个人强项和需求的分享制度化，从而使员工能够更好地帮助同事。

图11　团队联结

让我们分别来讨论这三个必要手段。

通过激励手段营造团队氛围

和普通管理者相比，安妮塔·卡尔松－迪奥有着与众不同的背景。1988 年，她曾代表瑞典参加汉城奥运会女子步枪比赛，拿到小组第八名的成绩。为了成为奥运会水准的射击手，年轻时的她把大部分时间都用在了训练上。此外，她还为瑞典的其他射击队员提供指导。奥运会结束后，她决定换一个工作环境，以充分发挥自己在成为世界级运动员过程中所习得的自律、结果导向的优势以及喜欢国际旅行的特点。她加入了全球最大的公司之一 IBM，如今她已经成为公司里备受尊敬的领导，曾在多个高级领导岗位上任职。

其间，卡尔松－迪奥面临过一次独特的领导力挑战，需要她通过建立团队联结来解决。作为公司驻纽约的业务流程外包的副总裁，卡尔松－迪奥管理着 IBM 所有的流程外包业务，手下有分布在菲律宾、波兰、印度、中国和巴西等多个国家的几万名员工。业务流程外包是指一家客户公司雇用其他公司来替自己管理工资核算发放系统、现金催付或呼叫中心人员配置等，外包的人力资源成本往往低于同类业务在该公司所在国所要花费的成本。外包员工由外包公司雇用，但被认为是客户公司团队的延伸。然而，因为这一工作和业务对象的特殊性，工作和人才的留存率很难保证。全球业务流程外包行业的平均人员流动率超过 20%——关键在于保持员工的敬业度和积极性，留住他们。[7] 一旦员工离职，持续的招聘和培训会带来很高的时间和金钱成本。每次为新人提供培训，把资源从高价值活动中转移出去，会造成极大的资源浪费。

卡尔松－迪奥在接手这份工作后，决心降低团队的人员流动率。她试图让自己庞大且分散的全球团队保持团结，为此，她实施了几项针对性措施。首先，她通过 IBM 的内部社交平台与各个团队建立联结，在这些平台上分享博客和视频，展现自己富有人情味的一面，借此加强员工对公司及其整体目标的认同感。其次，她到世界各地出差，组织了几百次集体会面和圆桌会议，通过这种方式认识和深入了解各地的员工。最后，她组织了线上"有问必答"系列会议，在会议中和下属分享组织愿景和战略，回答数千名员工的问题。在她的努力下，团队敬业度得到了提升。员工开始关注她的社交媒体账号，发邮件向她提问。她的下属开始在各自团队中效仿她的行为。

虽然有了明显进步，但卡尔松－迪奥并不打算就此止步。她想做一些不一样的事情来进一步巩固团队联结。除了常规的"有问必答"会议，迪奥决定进行角色转换，在一次线上直播会议中向员工提问。她提出了以下三个问题：

- 是什么让你对上班感到兴奋？
- IBM 公司哪些方面还可以做得更好？
- 我们如何能提高创新能力？

员工对这场会议的反应令人震惊。她从员工那里收到几千条反馈，包括工作激励方式和如何改进业务的合理化建议等。随着反馈不断涌入，卡尔松－迪奥组织了一个团队帮她分析这些数据。她想找出这些反馈的中心思想、速效方案以及问题分类，并采纳员工意见，给出一系列解决方案。

这让员工感到自己的意见得到了关注和重视，他们可以分享自己的想法，能够看到管理者在自己关心的领域做出改变。比如，卡尔松－迪奥外包团队的一部分员工认为自己没有受到客户公司同事相应的尊重。了解这一点后，卡尔松－迪奥启动了一项名为 PALS（"以人为本，提升意识，认真倾听，小步快跑"）的项目，帮助 IBM 公司的外包员工和客户公司的员工建立联结。在这个项目中，双方员工花了两天时间在安全的环境中了解对方，学习如何更好地进行合作，一起想办法调整工作流程，试图让所有人都更满意。

另一个速效方法是找到办公区存在的影响工作积极性的硬件问

题。卡尔松 – 迪奥在某一间办公室了解到，这里的咖啡机已经坏了一段时间，员工对此很不满意。（相信你能理解没有咖啡的痛苦。）卡尔松 – 迪奥很快安排了一台可以正常使用的咖啡机。另外一间办公室的门锁坏了，员工感到很不安全。她马上派人把锁修好了。当然，并不是所有问题都这么容易解决，不过卡尔松 – 迪奥还是解决了很多前任领导没有意识到的问题，这大大提高了员工的积极性。

得益于建立员工联结时所做的工作，联结型管理者在了解员工积极性来源方面有着先天优势。（我们在前面章节讨论过的剖析问题的策略可以应用在这里。）不过，正如我们在卡尔松 – 迪奥身上看到的那样，联结型管理者会把对员工问题的分析结果应用在整个团队中。她通过收集 IBM 几千名员工的反馈数据，同时建立了员工联结和团队联结。她努力了解每个员工的想法和积极性来源或驱动因素，在此基础上调整工作环境来提升整个团队的积极性。最重要的是，她实现了提升团队员工留存率的目标，使其达到了整个业务流程外包行业的最高水平。

识别并持续跟踪激励因素

我们从卡尔松 – 迪奥的案例中可以看出，准确识别员工和团队的激励因素，是营造健康的有助于成长的团队氛围的首要工作之一。一些管理者和组织会使用相关的软件来了解和跟踪员工的激励因素，另一些公司则要求员工定期完成敬业度和价值观调查，以此来识别和跟踪员工的激励因素。还有一种更简单的方法，就是请员工分享 5 个最大的激励因素。我们在"运用激励因素来调整团队氛围：团队激励因素评估"中列举了 50 个激励因素。管理者可以和员工分享整个列表或其中的一部分，请他们找出对自己最重要的几项。之后，安排一次团队会议，讨论大家所做选择的共同和不同之处，在根据各人激励因素的不同特点的基础上，决定需要进行哪些迅速调整或变革性的业务流程优化。高德纳公司的一个研究团队在自己的 12 名成员中进行了这项操作。找出让团队成员团结一致（或产生分歧）的激励因素，进而让团队主管对团队会议日程进行调整。比如，该团队排名最靠前的激励因素是"协作"，团队主管将根据这一信息，在每次团队会议的前 5 分钟有意识地创造团队协作的机会。尽管大多数团队成员都有自己独立负责的项目，但主管仍然会请每一位成员分享可能和其他人相关的工作内容。这让参加会议的每个人都能发现项目之间的协同效应以及为他人提供帮助的方式，从而带来新的协作机会。总的来说，你可以在分配项目、沟通重点事项和管理日常团队活动时加入团队的激励因素。

了解团队中每一位成员和整个团队的激励因素需要一定时间，但把激励因素融入管理活动并不需要管理者重新学习新方法，管理者只需要稍稍调整交流方式，就可以建立一个信任度和开放度更高，更激励人心的工作环境。

识别并接纳个体差异

根据 2000 年美国人口普查结果，缅因州的小城刘易斯顿市 96%

的人口都是以天主教徒为主的白人，整体收入水平较低。[8]这种情况在接下来的10年间发生了巨大改变，其间，刘易斯顿市涌入了数千名移民，大多来自陷入内战的索马里。这些新移民不仅改变了城市的种族构成，还有着不同的容貌、不同的穿着打扮、不同的宗教信仰和不同的饮食习惯。刘易斯顿市居民并没有欢迎索马里移民的到来，因此，大规模的排外活动爆发了。2012年，刘易斯顿市市长很直白地拒绝索马里人到来。他说："请把你们的文化留在门外。"[9]种族关系紧张的情况也出现在学校中，白人学生经常冲索马里籍学生大喊："滚回非洲！"[10]

然而，足球场上的情形截然不同。在刘易斯顿市的高中男足校队中，索马里队员和美国队员各占一半，他们连续几年在比赛和场外活动中取得了令人瞩目的成绩。"蓝魔"队每次比赛前都会大声欢呼"Pamoja Ndugu！"，这句话是斯瓦希里语"兄弟齐心"的意思，斯瓦希里语是球队中索马里孩子使用的语言。[11]这句话并非一句空洞的口号，它象征着球队和其他环境的不同。在球队中，所有队员一律平等。

"蓝魔"队的教练麦克·麦格劳是一名联结型管理者，正是他促成了球队的重要变化。在担任"蓝魔"队教练早期，麦格劳注意到，在为训练做准备时，球员会分成两拨，在不同的区域换上护腿和夹板。白人男孩子聚集在草坪上的灯杆旁，索马里籍男孩子则背靠装备棚。看到这种情况后，麦格劳立刻采取行动，把球队聚集在一起。他让男孩子们分组站成几个圆圈，每个圆圈里既有索马里人，也有白人。他告诉队员，场上场下都要一起行动。[12]从那天起，队员就一直保持着这种做法。麦格劳说："文化差异的奇妙之处在于，如果来自两种不同文化背景的人进行过真正深入的交流，他们就会发现彼此的相似之处要远多于不同之处。"[13] 除了让队员进行互动、建立友谊，麦格劳还意识到索马里移民拥有不同的技能，所以，他特别注重让队员分享技能、互相学习。随着越来越多的移民加入球队，"蓝魔"队有了来自6个不同国家的队员。[14] 在接下来的5年里，球队赢得了多个区级和州级奖项。2015年，球队排名位列美国第25名。[15] 队员的和睦与团结对球队的表现显然大有裨益，而麦格劳所作所为的意义远远超过了足球本身。

麦格劳展现出了联结型管理者具备的一种重要品质。他清醒地认识到并直面每个人的不同之处，为不同的人架起桥梁，从而提升了球队的整体表现。在工作环境中，同事间技能、经历和想法的差异可能不像刘易斯顿市"蓝魔"足球队中存在的国籍、种族、文化差异那么泾渭分明，但联结型管理者会通过类似做法找到差异所在，利用差异使团队更强大。

如果你的管理类型属于其他三种类型中的一种，如谆谆教诲型管理者，那么你可能会尽力让下属和自己有更多相似之处。然而，联结型管理者会努力找到团队成员之间的不同之处，让这种不同成为互相学习、提升绩效、增加创新的源泉。很多公司会出于好意，强制员工保持多样性和包容性，并为此设置专职部门来推进。但我们经常听到相关部门主管抱怨这些工作制度"只是纸上谈兵，并未付诸实践"。事实上，专门强调差异有时会适得其反、滋生排斥感。球队的多样性一直存在，但队员从不一起行动——刘易斯顿市高中男足校队曾经的情形在其他社区不知道上演过多少次。如果我们仅培养多样性而不朝着包容性方向努力，任何球队都可能走向分歧甚至分裂。网飞公司负责包容性战略的副总弗娜·迈尔斯说："多元化指邀请不同的人参加派对，包容性则指邀请不同的人一起跳舞。"[16]

奉行包容性价值观

我们来分析一下团队包容性理念，好让这一理念行之有效。我们的定量研究表明，相比其他类型的管理者，联结型管理者更可能找出观点中存在的不同，在解决分歧的同时让所有参与方都感受到被尊重。[17]我们在研究中还发现，"尊重"本身就是大多数管理者想要在团队中培养的一种价值观。表面上，在团队中培养尊重似乎是理所应当的事——管理者本来就应该维护和平、协调纠纷、确定基调，团队成员怎么就不能好好相处呢？实际上，培养尊重（和包容性）并没有那么简单。包容性研究的一项核心发现是，与他人交往时，仅恪守礼仪并不一定能培养或体现尊重。作为一名联结型管理者，如果你想创造包容的团队氛围，仅仅做到"彬彬有礼"是远远不够的。这里涉及我们第三章提到的管理者的勇气。要想打造具有包容性的环境，联结型管理者需要做出艰难的抉择，清除包容性不强的行为（和员工），尽最大努力确保独特视角或不同意见能够受到鼓励。

2018年，布兰迪·泰森接到任命，去一家快要倒闭的中学担任校长。这所学校的教师和管理者离职率非常高，学生成绩远低于平均水平。泰森的目标是把学校改造成一个包容性强且环境宜人的学校，让每个学生都有学习机会，能够变得更加出众。为了达到这一目标，泰森希望招募到最出类拔萃的教师，让有不同社会经济背景的学生都能够专心学习。她采取的第一个行动是重申并强调学校的核心价值观，即品格、卓越和服务。接着，她选拔了一批背景不同、认可并践行学校核心价值观的教师。她还采取了一项大胆的举措——如果认为某位教师没有树立正确榜样，就果断请他离职。泰森希望能够鼓励和激励教师团队中的每一个人。她尝试去认识和了解每一位教师，了解他们在学校之外的兴趣爱好，并想尽办法在工作中充分挖掘他们广泛的兴趣爱好。她希望所有教师都能展现出最好的一面，做好教育这一重要工作。

要想降低教师的流失率，除了做好教师的工作，泰森还需要带领学生增强包容性。事实是，泰森面临的最艰巨的挑战来自一名八年级学生，她在之前的学校曾因为与众不同而遭到霸凌。据泰森说，这名学生经常在班级里惹麻烦，每天似乎都带着怒气和愤愤不平，好像想让其他同学和教师把她拒于门外或避之唯恐不及似的。她的母亲偶尔还会来学校，对教职工进行语言攻击和威胁，因为她觉得自己女儿的不同之处并没有得到支持和包容。

泰森想向这名学生和她的母亲证明，这是一所欢迎和鼓励差异化的学校。首先，她用和教师相处的方式和学生相处——通过建立联结来和学生建立关系，这一点是我们第四章的主要内容。通过这种方式，泰森发现这名学生非常热爱艺术和电影。其次，泰森让她和一位同样对电影感兴趣的教师一起创立了学校的"电影学会"。最后，泰森采取了一个促成她根本性改变的行动：发起了一项固定的晨间活动，让校园里每个人"说出他人身上独特且优秀的一点"。活动结束后，这名学生发现其他人会赞美她的独特之处，如她独特的发型、独特的时尚品位和独特的艺术爱好等。这是她头一次听到同龄人夸赞她的外貌。慢慢地，泰森不仅赢得了这名学生的信任并改变了她的态度，同时还营造出一种积极正向的学习氛围，让每个学生都能积极看待差异，敢于做自己。

从泰森身上，我们可以学到联结型管理者的一些经验。首先，她展现出了极大的勇气，大胆作为，确保学校里的每个人都能践行她打造的包容性价值观。其次，她做了所有联结型管理者都必须做的事，即建立三种联结的基础：与教师和学生建立信任，更深层地了解他们的兴趣所在。最后，她发起了一个活动，让学校里的每个人都能主动找出并拥抱个体差异。这些联结型管理行为帮助泰森提升了学生和教职工的表现和敬业度，同时赢得了家长的尊重。最终，她帮助这所学校赢得了培养多元化和包容性的良好声誉，吸引了更多有才能的学生——这是所有管理者都会珍视的成就。

促进建设性冲突

联结型管理者还会通过促进建设性冲突来打造团队的互相尊重和包容的基础。建设性冲突是指在所有参与者都感到被倾听和被尊重的对话中，自由交换不同意见甚至反对意见。[18] 虽然在很多公共议题上，这种对话难以成功，但建设性冲突的例子在我们身边并不鲜见。事实上，对一些工作来说，建设性冲突不可或缺。想象一下，如果飞机副驾驶员每次打算向主驾驶员提出建议时都说不出口，或是急诊室护士在紧急医疗事故中觉得无法向同事说出自己的想法，这将导致什么样的后果？在上述情形中，虽然也存在适得其反的冲突，但总的来说，这类职业的高风险本质都迫切要求同事之间进行建设性对话。

作为一名管理者，你可以在团队中采取一些行为来鼓励和培养建设性冲突。这些行为包括：

- 主动邀请员工提出多元视角和想法
- 让可能提出批评意见的人提前发言
- 对团队对话进行保密
- 对新想法持开放态度

建设性冲突不应包括：

- 试图取悦每个人
- 避免让人不舒服的交流
- 无休止的辩论
- 总想达成一致
- 把不赞成解决方案的人排除在外

高德纳公司的一名研究经理是打造建设性冲突的高手。他会定期举行头脑风暴会议，在会上让员工通过角色扮演来测试团队的想法和思考新的视角，强制产生建设性冲突。团队成员会在会上讨论 10 个说服力最强的假设，扮演"质疑者"的员工负责尽可能地指出这些想法中存在的漏洞。扮演"首席财务官"的员工负责找到客户拒绝为此买单的所有理由，而"共鸣者"负责站在客户的角度考虑问题。这种做法可以激发出不同的视角，改造"思维趋同"的团队。这些仅是催生建设性冲突、促成坦诚讨论的一部分方法。在做出团队决策这种关键时刻，尤其要鼓励建设性冲突。在大多数情况下，制定决策要么是通过达成共识（一般需要很久），要么是通过遵照级别最高者的意见。尽管管理者需要保持果断，但联结型管理者在做出关键决策时并不经常采取这种做法，而是会营造开放且包容性更强的决策过程，会参考对做出最佳决策至关重要的多元视角。这种做法虽然在理论上行得通，但在实践中常常会面临一定的执行困难。

开源软件公司——红帽（Red Hat）公司为我们提供了克服决策障碍的绝佳范例，高德纳公司在进行包容性研究时对该公司专门进行了分析。红帽公司的 CEO 吉姆·怀特赫斯特曾写过一些书介绍该公司开放、包容的管理方式。[19] 红帽公司的管理者有意识地通过改变决策方式来打破传统管理障碍，给我们留下了深刻印象。红帽公司的主要决策原则在全公司从上而下被贯彻实行，具体包括：

- 鼓励多元视角和想法
- 让合适的人员参与决策

- 让批评者加入
- 对信息和想法保持开放
- 通过增强工作包容性来解决问题

作为一家企业组织，可以说，对于需要把哪些人纳入决策团队，红帽公司立场鲜明。公司甚至编写了一系列问题指南来指导管理人员分辨哪些人应该（和不应该）被纳入决策团队。比如，鼓励管理者把最可能受到决策影响，或对决策感到惊讶的人纳入决策团队，还要把关心决策结果或对决策最直言不讳的人纳入决策团队。因此，参与决策的不仅有高层级管理者或前期深度参与的人员，公司还会尽量让合适的人员因为合理原因加入决策团队。而很多时候，合适的人员并不是高层级管理者。

让同侪技能分享成为惯例

我们了解到，联结型管理者会利用团队激励因素来营造积极向上的团队氛围，鼓励每个人主动去学习和成长。同时，他们还会鼓励多元视角，拥抱个体差异。建立团队联结的第二部分是让员工能够互相学习。联结型管理者并不只是让下属偶尔组团以互相学习。作为管理方法的一部分，他们会让同侪技能分享成为一种惯例。

在这方面，我们非常推崇的一个例子来自美国一家政府机构，这家机构采取了一种叫作"一人一师"的做法。在这一机构中，这种方法被用于建立跨团队学习技能的意识，打造互相学习的文化。根据"一人一师"的做法，管理者会定期召开技能分享会议。在会上，团队中的每个人，包括管理者本人，都会找出自己具备且愿意教给其他人的一种技能。管理者会让个人技能强项有足够的透明度，同时讲清楚互相促进的重要性，员工如果需要提高某项技能的话，可以自由选择向团队中一位擅长该技能的同事请教。

桥水联合基金公司（Bridgewater Associates）联席董事长兼首席投资官瑞·达利欧曾在公司使用过类似的方法，他的方法曾为一所大学采用，以促进校园里的同侪技能分享。[20] 乔治顿大学麦克多诺商学院教授迈克尔·欧利里在关于领导力的第一堂课上要求学生创建自己的"棒球卡"，卡片上需要包括个人"数据"：优势、发展领域和个人经历等。欧利里让班上的同学互相分享卡片，然后分组进行讨论。用欧利里的话来说，这样的讨论会"引发更坦诚、更有条理（希望是更有趣）的讨论，讨论内容包括学生可以给团队做出的贡献以及需要依靠团队成员（或团队之外的成员）获得的专业知识、经验和社交网络等"。

我们每次和有追求的联结型管理者分享类似做法时，他们都会如获至宝，我们已经见到无数管理者以不同方式进行了类似的实践。这种做法能够带来巨大的好处：

- 让游离在团队之外的人加入进来。鼓励员工发现并说出自己的技能，这能够让他们意识到自己的强项，利用自己的专业知识为同辈服务。如果有人想不到任何技能，那么其他团队成员可以帮他找到可传授给其他人、造福整个团队的相关技能。这种做法本身有助于建立伙伴情谊、鼓舞士气。

· 鼓励技能提升——同侪技能分享可以让团队成员为自己的学习负责，有助于他们高效、快速、低价地获得新技能，从而提升团队的整体水平。

· 增强团队信任和凝聚力——相较于其他类型的管理者，联结型管理者的团队成员更容易互相信任、享受彼此陪伴和协助其他人取得成就。除了分享技能，管理者还应鼓励员工坦诚告知他人自己需要提升的技能，随后团队成员可以自行召开会议和开展培训来学习相关技能。

技能分享不一定要花费很多时间，从长远来看，如果以正确方式进行分享，将会大大节省时间。管理者和团队可以让同侪技能分享成为一种管理行为，每月或每季度定期召开会议，让这种做法成为团队日常运作的一部分。

激励技能分享

我们在研究中还发现，另一项重要举措能够帮助管理者使知识、机会和技能分享成为惯例。这项举措来自一个让人想不到的地方：一家跨国律所。赫伯特·史密斯·弗里希尔律所（Herbert Smith Freehills）通过分析发现，最成功的合伙人往往会积极支持并促使他人取得成功，同时会通过吸收他人的优点使自己变得更优秀。了解这一点后，这家律所决定打造一种鼓励技能分享和合作行为的组织文化，核心举措叫作"他人成功贡献值"，这被纳入了年度绩效管理流程。每位合伙人需要给对自己过去一年取得的成绩贡献最大的合伙人加10分"同事关系绩效分"，作为团队成员间互评的一部分。合伙人在绩效管理体系中选择加分对象，写下对方的具体做法以及这种支持带来的积极影响。借助该体系，律所管理者不仅能认可员工带来的积极影响，还可以对该员工支持、培养其他人发展该能力的做法表示认可和提供激励。

联结型管理者会创造条件，打造一种透明开放的团队环境，在这种环境中，员工可以形成团队成员互助成长的惯例，互相了解、互相依靠。不过，我们从赫伯特·史密斯·弗里希尔律所的例子中看到，在这方面，公司可以通过调整和优化工作流程，为联结型管理者提供相应的支持。

克服技能分享障碍

我们需要承认，同侪成长的惯例在某些环境中会更容易形成。尽管如此，在最困难的情况下，我们也能找到鼓励同侪成长的办法。第一，在同事之间存在直接竞争关系的团队中推行同侪成长通常会面临更大困难，比如销售团队。在这种情况下，应分别设立团队目标和个人目标。你可以为同侪成长提供额外奖励，就像弗里希尔律所在绩效管理体系中增加"同事关系绩效分"一样。

第二，当前很多团队都采取虚拟办公和全球化协作办公，这使得跨时区和跨地域的同侪成长更难实现。远程团队的联结型管理者需要花更多时间进行团队沟通，找到所有人都方便参会的时间，让员工在会上分享自己的强项和需求。屏幕共享、视频会议和即时通信等通信技术的崛起让同侪成长更容易融入远程团队的日常工作中。

第三，一个团队中有很多新员工时，同侪成长会面临较大挑战，因为员工在学习新技能的同时，还需要熟悉团队运作流程和规范。这让老员工有机会分享自己的技能和知识，不过，联结型管理者同样可以帮助老员工了解新员工的新视角的价值。比如，有时候，新员工加入组织或团队，是因为他们拥有其他人不具备的技能。有时候，管理者（或同侪）可能会发现新同事具备的某些技能正好可以为团队所用。例如，高德纳公司在自己的团队中发现一名新员工是 Python 编程语言专家，而这恰巧是公司很多定量研究人员在项目开始时需要学习的一项基本技能，所以，定量分析组组长就定期请这名 Python 专家向研究人员分享此项技能。

第四，团队成员虽然都向同一名主管汇报工作，但各自的层级可能并不相同。有时候，层级高的员工可能不太习惯和层级低的员工进行同侪成长。联结型管理者因为从不同的学习渠道获益良多，所以会在团队中推行类似的去层级化或去中心化的学习和成长模式。他们会以身作则，向大家介绍自己如何借助正式的反向指导关系和非正式的技能分享活动向下级学习并从中获益。

管理者要想成功建立团队联结，就需要充分信任团队，并且愿意为员工成长适度放弃自己对团队的控制或干预，这一点非常关键。通过建立强大的员工联结，联结型管理者可以了解每个团队成员的强项和弱点。他们了解团队中的每一个人，同时了解每个人可以带给团队的能力或额外的技能，以及全新的视角。联结型管理者运用团队中的这些差异来激励和推动团队成员成长。如果管理者已经成功建立了团队联结，他就会发现员工积极性得到了提高并开始互相学习新技能，团队的整体表现有了明显的改善。

亲身实践：团队联结

我们很可能已经在团队中建立了紧密的人际关系，以此来提升创新能力和实现业务目标。但同时，大家很可能还没能把同侪成长和技能分享变成团队的常态化行为。很少有管理者能做到这一点。为什么呢？一方面，我们的员工可能不大愿意向同事袒露自己的技能弱项，这一点完全可以理解，另一方面，很多人认为员工基本不需要或没有义务为其他同事的成长负责。

这就是团队联结可以发挥作用的地方。就像本章提到的联结型管理者一样，你可以创造出良好的团队文化，让员工愿意分享自己的强项和个人的提升需求，鼓励员工帮助同事成长，对同事的成长承担责任。

我们在研究中发现，同侪技能分享的惯例可以让管理者更快速地推进工作。我们看到，把同侪成长作为一种常态甚至是目标的团队都取得了很好的成绩。我们看到，麦克·麦格劳对刘易斯顿市高中男足校队采取的果断措施完全改变了小城根深蒂固的种族划分格局。他不仅让球队队员接受了包容和平等的理念，而且把这种理念变成了他们日常生活的一部分。这种做法对同侪成长同样适用。

可以通过多种形式将同侪技能分享制度化，但一般来说，这需要管理者围绕员工的期望设定明确的指导方针，开展类似"一人一师"的项目，让坦诚和技能分享成为组织结构和组织文化的一部分。

打造团队联结除了可以提升员工绩效和团队生产力，还能带来其他重要好处。首先，可以鼓励员工发现、表达和分享能够传授给他人的技能以及自身的提升需求，而技能分享惯例可以帮助团队成员接纳不同、欣赏差异并合理利用多样性为团队的共同目标服务。其次，可以让员工为自我提升和他人提升负责。最后，让员工运用专业知识帮助他人提升并承担相应责任，可以提升团队信任度、增加团队凝聚力。

打造同侪成长的惯例需要管理者了解团队成员的激励因素，这既需要用到本章和前面章节提到的员工联结激励因素分析，同时需要提前调查和收集数据。如果你所在的工作环境层级较少，员工在鼓励之下愿意袒露个人的强项和弱点，那么打造同侪成长惯例的成功概率会大大提高。

你可以通过下列工具来建立团队联结。

建立团队联结的工具

- 团队激励因素评估——此表列出了常见的 50 种激励员工工作的驱动因素，可以帮助管理者开展团队评估。

- 建立团队互信指南——此图表可以帮助管理者识别和鼓励能

够打造包容性团队的员工特征和行为。

· 员工"棒球卡"模板——请员工在卡片上填写个人的强项、弱点、动力来源和个人经历等并和其他员工交换卡片，让员工认识并接纳个体差异。

【本章小结】

· 联结型管理者通过创建一种团队成员乐于互相支持、互相学习的工作环境和氛围来建立团队联结。

· 联结型管理者利用激励因素来塑造团队环境。他们会努力了解团队的激励因素并据此调整管理方式，使团队朝着共同目标努力。IBM公司的安妮塔·卡尔松–迪奥通过召开在线会议来了解员工的动力来源和顾虑所在，并据此思考自己作为管理者可以或应该做出的改变。

· 联结型管理者识别并接纳个体差异。他们鼓励团队成员分享自己独特的想法、背景和经历，利用差异来建立团队信任、培养新技能，从而取得更大成果。
"蓝魔"队的教练麦克·麦格劳通过让白人球员和索马里籍球员

混合分组并互相分享技能，在文化多元的足球队中建立了团队联结。

- 联结型管理者会让同侪技能分享成为惯例，鼓励团队成员通过信息共享来帮助队友。

  乔治敦大学的迈克尔·欧利里教授让学生在"棒球卡"上填写优势、发展和个人经历等，让学生互相了解彼此在小组项目中能够贡献什么技能。

第六章
组织联结：质比量更重要

隐性联结比显性联结更重要。[1]

——赫拉克利特，希腊哲学家

帕特里克·布罗萨德的领英主页上显示他的职业生涯全部是在
IBM 度过的，他先后在法国和美国的 18 个不同职位上工作过。[2] 在这
段时间内，他和 IBM 几百名员工有过密切的工作联系，建立了无数的
职业和社会关系。他还曾加入 IBM 的多个社团组织，这些组织旨在
让员工围绕共同的个人兴趣或职业诉求形成联结。然而，所有参加过
私人和职业社交活动的人都知道，并不是所有的人际关系和联结都有
效。事实上，某些活动对参与者来说纯属浪费时间。那么，何种事物
才能让联结发挥效力呢？管理者如何确保自己的联结可以帮助员工成
长和有所长进呢？员工如何在已知的人际关系网之外找到最适合帮助

自己成长的人，获得他们的联系方式并持续获得其支持呢？

2016 年发生的一些事让布罗萨德对这些问题进行了认真思考，最终，他创建了一个平台来帮助 IBM 员工在组织内部联结中获得更大的成长价值。当时，布罗萨德负责管理一个为 IBM 公司欧洲、中东和非洲地区销售团队提供支持的部门。他管理的团队开发了一系列在线工具和在线培训项目来推动普及销售技术和技能。虽然配置了大量在线支持工具，但布罗萨德发现，销售人员仍然会直接找到自己团队中的专家，请他们传授使用这些新技术的方法。

销售人员不分昼夜地与他们联系，这让团队不堪重负。除此之外，布罗萨德的团队成员本身也面临着特定的挑战。比如，一些讲法语的员工需要和一些来自英语国家的员工进行沟通，很难听懂各式各样的口音。布罗萨德的母语是法语，所以无法为这些员工提供具体的帮助和指导。布罗萨德本人也有提升需求，但他的主管和他现有的人际关系网无法在这些领域提供太多帮助。

就在布罗萨德思考眼前这些挑战时，一个同事要预约看医生，这个同事使用预约平台成功选择了最合适的时间段。布罗萨德说："当我看到这个平台时突然有了灵感。我想，我们也可以建立一个联结技能教练和学员的平台，让教练掌握沟通、交流和指导的主动权。"

就这样，他提出在 IBM 建立教练市场的想法，员工可以通过这个市场从愿意并能够提供指导的同事那里获得指导。

如今，IBM 的所有员工都可以进入这一教练平台（名字叫"教我一招"），通过地理位置、时间 / 时区、技能领域、语言或员工部门等关键词进行搜索, 预约教练进行一次或多次指导。教练们在平台上注册技能、专业领域以及可以提供教导的时间段。和其他市场一样, 指导质量是由供需关系来控制的, 如果员工通过平台获得了有用的指导, 求助需求就会增加, 员工会从平台上再次获取指导, 或向其他人推荐。截至 2018 年年底, "教我一招"平台已经有 70 000 名用户和 9 500 名教练注册。

布罗萨德的团队可以通过"教我一招"平台在合适的时间段向销售人员提供指导。要提升英语能力的下属可以和来自美国、英国和澳大利亚的教练预约, 布罗萨德本人则可以和其他经验丰富的管理者教练建立联结, 获取相应的指导。

建立组织内部联结并不一定需要管理者开发或建设大型科技联结平台。布罗萨德的案例告诉我们, 如果管理者能够让员工找到最佳成长联结, 就可以产生难以想象的价值。布罗萨德创立的教练市场平台来自一个简单的想法: 有时候最适合的成长联结并不存在于员工的直接汇报层级或团队中, 甚至不存在于已有的职业或人际关系网中。

建立组织联结的三个要点

组织联结是指与适合或最适合提供指导、建议或知识的同事进行交往, 以此来提升自己的技能。这意味着对方需要拥有所需的技能或信息, 同时愿意并能够担任教练。这样的联结可以存在于公司内部、合作伙伴间或客户公司间。

　　虽然管理者一般都会为员工创建人际关系网，但联结型管理者在推进这一工作时会采取一种独特的方式。第一，得益于第四章提到的剖析问题和积极倾听，联结型管理者会对员工的真正需求有更深入的了解。得益于这些细致和有针对性的前期准备工作，联结型管理者为员工建立的组织联结更有可能满足员工的技能需求。第二，联结型管理者会积极推动建立以技能提升为目的的联结。摇旗呐喊型管理者虽然也可能为员工建立指导联结，但他们更多地把这种联结作为委托他人承担自己应尽责任的一种方式。摇旗呐喊型管理者只会介绍双方认识，而联结型管理者会对成长联结的质量有更多的考虑。联结型管理者可能并不经常亲自参与建立联结，而是帮助员工找到最佳成长联结。他们还会让员工（或提供指导的一方）提前做好准备，确保双方的交流富有成效。第三，联结型管理者在交流结束后会及时跟进，帮助员工将学到的内容应用到工作中。

　　虽然我们很多人都会在工作团队之外建立联结，但我们很少会利用这种联结来提升技能。而联结型管理者明白，最佳成长联结对帮助员工提升绩效至关重要。事实上，联结型管理者会为员工在公司内部和外部牵线，帮助他们建立最好的（不仅是最多的）联结。在此过程中，联结型管理者会遵循建立组织联结的三个要点（见图12）。

　　第一，成为方向引导者。联结型管理者帮助员工了解组织内外哪些部门可能存在最佳联结。这并不是要求管理者去真正地绘制组织图谱，而是找到并利用关键联结人，通过这些联结人去寻找和培养员工所需的技能。

第二，建立撮合和跟踪机制。联结型管理者并不会把建立人际关系的任务转交给员工，之后自己不管不问。相反，他们会成为"教练积极分子"或催化师，就像帮助运动员热身一样，积极推动员工做好建立联结的准备工作，同时在联结建立后和员工及时复盘，帮助员工冷静分析、客观面对、灵活运用。

第三，以身作则，树立最佳联结样板。联结型管理者在帮助员工和组织内外的同事建立联结、实现成长的同时，自己也会成为联结的一部分，创造相应有效的机制来帮助其他人找到最佳联结。

图12　组织联结

在本章接下来的部分，我们会对这三个要点进行详细探讨，介绍建立组织联结的最佳方法。

成为方向引导者

如果你翻看一下近些年出版的任何一本商业、科技杂志或书籍，那么你可能会读到诸如此类的标题："人工智能将创造新工种""数据分析将彻底改变你的商业模式"或"到2030年，机器人将取代美国近1/3的劳动力"等。[3] 显然，数字化正在给我们的工作和生活带来巨变。虽然已经有公司和员工开始拥抱新技能、新技术和新的工作方式，但还有很多人正在努力追赶时代潮流。高德纳公司开展过一项覆盖近6 000名员工的全球调查，调查显示，在数字化背景下，员工迫切需要通过额外培训来提升技能。[4] 我们在这项研究中调查了数字化对员工的影响，发现当下有三种主要技能转变。

第一种转变发生在新兴技能领域，即对大多数人来说，这些都是相对新奇的技能，如在机器人、人工智能、数据分析领域或其他任何可能成为新闻头条的技能。第二种转变发生在不断发展和成熟的技能领域。这些技能对大多数员工来说可能并不陌生，但和以往的技能相比又有不同的应用场景。例如，过去几十年来，协作一直是很多组织的一项核心技能，但今天的远程协作或在线协作、全球协作比20年前有了更大的变化。第三种技能转变发生在逐渐失效或已消失的技能领域，即如今用处没那么大的技能。常见的例子包括修理收音机、手工分拣商品或设计印刷广告等。一项近期调查表明，全球有超过21 000名员工认为自己有近20%的技能在三年后将会失去作用。[5]

这三种技能转变指向了一个共同的现实：因为技术在发生巨大的变化，所以，即使在同样的岗位上，员工今天所做的工作和管理者多年前赖以成名时所做的工作也截然不同。换句话说，大多数管理者并不具备指导员工所需的全部技能、经验和专业知识。

发现显性（和隐性）成长联结

作为成长方向引导者，联结型管理者会帮助员工找到所需技能、实现个人成长。在现实中，人力资源部门已经提供了相应培训资源来帮助员工应对上述技能转变，包括自助学习网站和在线学习社区等。这些资源本身是有用的，但很多员工要么觉得其很难操作，要么觉得其对自己没有多大帮助。只有34%的员工认为自助式培训、学习与提升能起到作用。[6] 在本项研究中，我们和很多企业领导者进行了交流，听他们讲述运用在线学习和自助式提升工具的情况。在大多数情况下，这些员工培训工具，造价高达数百万美元，但其投入使用后，只在前三个月使用率较高，在新鲜感过去后或者员工失去兴趣后，使用率会急剧下降。我们最喜欢引用的一个例子来自亚洲一家金融服务公司。这家公司斥资几百万美元打造了一个门户网站，员工可以根据自己的兴趣和需求在网站上选择相应课程。然而，经过初步数据统计分析，公司发现，很多客户经理团队的员工会选择园艺课程。虽然人力资源主管因这项服务被使用而感到满意，但园艺相关课程的学习对提升员工的工作技能起到的作用值得怀疑。

如果没有合适的数据和引导，员工很难知道从哪里能获得真正有效的支持。管理者可能无法给出全部答案，但联结型管理者会充当成长方向引导者，为员工指明方向，帮助他们获取所需的专业支持。我们在研究中发现，联结型管理者作为成长方向引导者所做的工作其实并不难，但其他类型的管理者往往不会这么做。管理者可以利用公司内部已有的技术手段，如像帕特里克·布雷萨德的"教我一招"等创新手段，更主动地帮助员工寻找所需的技能指导。结合联结型管理者提供的个性化指导，在线学习或自助式学习网站的作用能够得到显著提升。

即使公司内部没有相应的技术手段或 IT 系统，管理者也可以通过领英之类的公共资源网站帮助员工找到相关领域的专家，因为人们一般会在类似网站上标明自己擅长的技能和专业领域。这里想要表达的是，联结型管理者不仅会帮助员工找到显性联结，还会帮他们找到隐性但至关重要的联结。就算没有技术手段和 IT 系统，联结型管理者也会利用自己对组织的了解，主动帮助员工获取所需的技能和指导。有时候，恰恰是比较微弱的联结发挥最大的作用。比如，在大多数公司，除了在人力资源信息系统上，人力资源部门和技术部门很少有例行或定期合作，特别是在技能提升方面。然而，高德纳公司的一家加拿大客户的人力资源主管让自己的人力资源团队与来自 IT 技术和商业智能分析领域的专家建立了联结。得益于这样的联结，人力资源部门的员工会和这两个部门的员工定期碰头，向他们学习新技能并将其应用到人力资源团队的实际工作中。

扩展你的地图

员工需要的技能并不总是存在于组织内部。这个问题对小公司的管理者来说尤其常见。在这种情况下，你也可以成为一名成长方向引导者，指引员工从公司之外学习技能、获取指导。

普拉纳夫·沃拉，一个男装品牌创始人兼 CEO 就决定通过这样的方式补上公司的关键性技能空白。沃拉在咨询公司工作时就萌生了开一家服装公司的想法。当时他买了几件常见品牌的男士衬衫，但都不太合身。两侧的衣料鼓鼓囊囊，衣袖乱飘，肩线软沓沓的。他发现很多男同事都遇到了同样的问题，穿着不合身的衬衫上班。这让沃拉想做点儿什么来改变这种状况，最终他决定开一家男装公司，用一种完全不同的方式来满足顾客的需要——量体裁衣。10 年后，沃拉的公司也就是休 & 克里公司得到了飞速发展。沃拉雇用了 15 名员工，公司不仅销售正装衬衫，还销售 T 恤、运动衫和男士配饰等。沃拉对公司的成长和发展感到骄傲，但同时发现小而精的团队对获取资源和技能提升有很大的限制。为此，沃拉请合作伙伴负责公司的后台运营工作，包括采购、生产、仓储、订单执行、记账和财务等。沃拉还让合作伙伴承担前端职能，如广告、内容营销和社交媒体营销等。最开始，沃拉并没有考虑请合作伙伴来帮助其员工成长，直到有一天，他注意到一名团队成员有特定的成长需求。

　　沃拉雇用了一名数字营销主管，这名主管此前并没有电商经验，但长期的行业经验积累让他迅速成为公司发展和企业文化的核心之一。然而在任职一年后，沃拉发现这名员工开始原地踏步。沃拉说："我们更多的是在重复之前的工作，而不是尝试新事物——此前正是后者促成了我们的突破性成功。但在小团队中没有求助对象，你无法在原有赛道里继续成长。"沃拉意识到，很多外部合作伙伴是帮助这名员工提升技能的理想资源。"当我意识到自己需要对员工负责但不需要为他的成长提供所有指导和培训时，我长舒了一口气。"沃拉说。

沃拉让这名员工通过以下三个渠道来获得指导和提升，沃拉把他们称为"友善的局外人"：

- 企业同行——沃拉接触的企业同行需要具备以下四种特征之之一：在同一个行业（如零售或电商），在同一个地理区域，有类似的商业模式（B2C 或 B2B），处于同样的发展阶段（如都是初创企业）。
- 技术业务伙伴——沃拉向自己的 App 和技术伙伴寻求帮助，请他们花时间为自己的员工提供数字营销技术方面的指导。沃拉发现这些合作伙伴都很愿意提供帮助。作为为沃拉的公司提供服务或产品的商业伙伴，这些公司希望沃拉的公司能够蒸蒸日上。
- 顾客——沃拉深入挖掘了顾客和公司之间的情感联结，一般会和小型利基公司建立较深的情感联结，希望自己信任的品牌能够顺利经营。比如，随着沃拉对顾客的深入了解，他发现有些顾客拥有和公司业务相关的技能和专业知识，并且非常愿意和员工分享，帮助他们成功。

得益于这些成长联结，数字营销主管对如何在数字营销中制定媒体预算有了更全面的了解，同时能够重新制定公司未来的数字营销框架，为员工绩效设定标准，给出新的营销策略建议。

当管理者与公司之外的客户建立联结时，客户和员工自然都会从中获益。斯图尔特·阿斯伯里，IBM 一位驻伦敦的全球云客户支持项目总监认为，虽然 IBM 这样的大公司拥有丰富的内部技能和知识财富，但员工的最佳联结还是来自公司外部。和休 & 克里的沃拉一样，阿斯伯里发现，他需要从合作伙伴的人际关系网中找到符合员工需求的指导。

他的员工虽然为客户提供了服务，但很难有机会和客户进行当面沟通和互动。阿斯伯里刚好认识伦敦一家大型银行的一名客户，他觉得这对下属来说会是一个绝佳联结。如果他创造机会让他们认识，这位客户就会告诉这名员工自己的需求和 IBM 可以提供的帮助，员工就能自然而然地向客户提问并和他建立联结。阿斯伯里说："他们虽然在同一座城市工作，但可能永远都不会想到建立这样的联结。这名下属就此打开了思路，获得了很多无法从别处得知的信息，从中受益良多。"

阿斯伯里在选择客户时会深思熟虑，目标客户需要能帮助他的下属学习和成长，同时目标客户自己也能从中获益。对一些职业来说，与客户互动仅仅是工作的一部分，但对联结型管理者来说，他们会有意识地去思考如何通过内外部的联结让员工获取更大的发展价值。

建立撮合和跟踪机制

阿斯伯里为下属建立联结时并不只是做个简单的引荐。他会担任教练，全力帮助员工做好准备，以从沟通中获取最大价值，其中一步便是他口中的"快速约会法"。阿斯伯里鼓励员工向对方提出一系列问题，询问对方的身份、背景、需求、兴趣，同时提出其他能满足自己成长需求的问题，从每一次互动中尽可能获得最大价值。但阿斯伯里所做的工作远不止于此。他还会确保这种互动富有成效，员工能够通过互动来学习和成长。带着这种想法，他会在员工进行社交互动之后询问他们学到了什么，以及打算在未来的工作中如何更好地应用所学内容。

沃拉同样会认真帮助员工在最佳成长联结中进行撮合和跟踪。类似于阿斯伯里的"快速约会法"，沃拉会帮助员工思考高质量的问题，指导员工带着好奇心去引导对话。他会提前和员工讨论谈话的目标成果以及要想达到这样的成果可以提哪些问题，还会在每次对话后及时跟进，找到对话中取得的突破并予以借鉴。他会和员工一起找出他们的"醍醐灌顶"时刻，以及这些收获如何能帮助公司做出改变。换句话来说，他会充分利用每一次互动的价值，把这些联结看作能让公司业务蓬勃发展的珍贵途径。

我们在研究中发现，很少会有管理者把时间和精力用在这些重要的撮合和跟踪活动上，但联结型管理者会在每一次互动前帮员工做好准备，事后做好复盘，确保员工从联结中有所收获。作为一名管理者，仅建立联结、让成长自然而然发生是不够的，虽然这么做有时也行得通，但员工可以在事前准备和事后复盘中学到更多。

此外，通过和员工在事前和事后密切合作，管理者会对员工的学习过程有一定的参与和指导。对很多时刻待命型和谆谆教诲型管理者来说，组织联结中最让人头疼的一点是承认其他人比自己更适合帮助员工成长的那种失控感。你可以通过帮助员工为组织联结对话做准备，以及通过复盘在员工的成长中发挥关键性作用。

规模化发展"教练积极分子"

我们在研究中遇到一家大型跨国金融服务公司，这家公司把组织联结的准备和复盘工作形成了一种制度。公司的人力资源团队提供了一套叫作"学习活动采访"的工具来帮助管理者打造更有效的跨组织联结。

人力资源团队首先帮助管理者找到最能帮助员工成长的联结对象。很多人在寻找联结对象时只看对方的职务、岗位或经验。但是，这家公司会全力以赴，确保此项联结与员工需求相匹配。选择联结对象的主要标准是对方应具备某项特定领域的专业知识且恰巧是员工希望得到的相应指导。更具体地说，人力资源团队会帮助管理者找到具备如下特征的对象：

- 在某个岗位上称职（有过成功经历）
- 最近在某个弱项上取得了很大进步
- 这种进步与被指导对象的岗位和工作内容相关

接下来，公司会为管理者提供复盘和应用指南，管理者可以通过该指南，在员工成长对话之前、期间和之后为他们提供帮助。公司建议管理者让员工在对话前设定清晰的目标并确定对话和复盘时间表。

公司还为管理者提供了一组涵盖"行为动力、支持资源、个人经历、个人假设和成长障碍"等领域的问题，管理者可以通过这组问题，帮助员工把互动聚焦在具体的成长需求上，让员工找出对方取得进步的根本原因。公司发现这些问题还能带来额外的好处——指导者本人很可能会思考自己进步的原因，进而取得更大的进步，也就是我们常说的"教学相长"。

最后，管理者会使用公司提供的复盘指南来帮助员工回顾在成长对话中学到的内容。此外，管理者还会帮助员工了解如何将所学应用到日常工作中。管理者会根据组织联结对话前与员工商定的时间表和具体的进步指标来监测员工取得的进展。

虽然不同的管理者和员工使用这套工具的方法不同，但这类指南可以让更多管理者成为"教练积极分子"，建立最佳的组织联结。

以身作则，树立最佳联结样板

除了为员工成长建立联结外，联结型管理者还会充当其他人的最佳教练，也会寻找自己所需的指导。大多数人都喜欢谈论自己的成就，热衷于和他人分享知识，但联结型管理者坦诚、具有自我觉察意识且愿意花时间指导他人，这些特质使他们显得与众不同。

美军中尉雷恩·戴利曾在伊拉克服役 15 个月，经历了一段艰难的岁月。在伊拉克时，戴利的团队常常面临各种危险，包括敌军攻击、路边炸弹和简易爆炸装置等。[7] 戴利当时只有 23 岁，在服役还未结束时已经永远失去了一些战友。"我在 15 个月间失去了 4 个战友。"戴利说。[8]

对戴利来说，分享这些故事是一件艰难的事，"这会让人不由自主地回忆起很多关于领导力、生命丧失的情绪"。[9]退伍后，戴利前往商学院学习。他意识到，和其他退伍老兵分享自己的故事和经历，可以帮助他们顺利地开启新的职业生涯。他一开始想创建一组常见的职业问题分享给大家，但又决定放弃了。[10]他转而想给老兵们提供个性化的建议，所以投入更多的时间进行一对一指导对话。"更多人加入，我作为团队领导者就可以做更大的贡献，"戴利说，"相较于对常见问题的指导，一对一指导对老兵帮助更大，我本人也会有更多收获。"[11]

联结型管理者模式要想成功，归根到底需要有愿意并能够花时间指导外部团队员工的最佳联结型管理者。如果你是某个人的导师，你可能会自然而然地认为自己已经成了最佳联结型管理者。很多组织都有导师项目，这些项目可以让员工和团队外部的某位导师建立联结，获取一般性的职业指导。然而，联结型管理者建立起来的最佳成长联结和师徒关系有所不同。这些联结的目的是满足员工的具体成长需求，在这个过程中，联结型管理者会发挥更积极主动的作用，确保员工学有所得。

联结型管理者虽然愿意花时间指导员工，但他也明白，自己平时并没有足够的时间为所有求助者提供指导。为了确保在有限时间内尽可能地提供指导，联结型管理者会划定界限。随着越来越多的老兵了解到雷恩·戴利能够提供职业指导，大量需求不断涌来，戴利发现自己很难兼顾所有需求。当他从商学院进入谷歌工作后，他每个月要进行将近100次对话。[12]戴利希望一直为老兵们提供指导，但显然心有余而力不足。

为了满足大量的需求，戴利在谷歌环聊[①]上设置了每周会面的时间。[13]当老兵向他寻求职业指导时，戴利会向他们分享当周的会议链接。这个系统让戴利能够继续为部分老兵提供个性化职业建议，同时节省了大量时间。[14]他可以继续提供指导，同时不会透支自己的精力。

当前，为自己的员工"时刻待命"已经给管理者带来了巨大压力，管理者可能会觉得没必要为和他无关的员工提供指导、帮助他们成长。不过，如果你是一名有抱负的联结型管理者，或希望在组织内部培养更多联结型管理者，你就需要适时提供指导。了解这一点后，我们制定了以下指南，为的是帮助管理者把时间用在恰当的地方：

- 在你具备专业知识的领域提供指导。如上述所说，联结型管理者有很强的自我觉察意识。他们对自己的强项和弱点十分清楚和坦诚。如果有员工向联结型管理者寻求某个领域的指导，而这个领域并不是联结型管理者的强项，他应该礼貌拒绝并诚实地告诉对方原因。有些联结型管理者和主管会对所有求助来者不拒，试图面面俱到，但结果事与愿违。因此，联结型管理者应该有所取舍，或者给对方找一名你认为最能满足他们需求的联结型管理者。
- 设置你的指导日程表，根据计划做相应安排。每周定期的指

---

① 谷歌环聊是谷歌的即时通信和视频聊天应用。——译者注

导会议让戴利有意识地留出指导时间，而不是对不断涌来的求助应接不暇。哪怕你不使用类似的工具或平台，也可以设定个人界限。想清楚你能提供指导的次数并告知他人，让他们可以匹配或适应你的时间安排。

- 通过提供指导建立更多的最佳联结。如果你拥有某种需求旺盛的技能或独特的经验，你可能会收到铺天盖地的指导请求。尽管被别人当成专家是件好事，但要想满足大量的请求，肯定需要花费大量时间，长远来说不可持续。你需要让被指导者去为其他人提供指导。一旦你觉得他们已经在你的指导下掌握了技能，你就可以给他们介绍新的组织联结。经过几次实践后，被指导者甚至会比你更适合在这项技能上为其他人提供指导。

亲身实践：组织联结

某天，你可能会猛然意识到，即便是相同的岗位，你现在的员工所做的工作与你之前的工作大不相同。换句话说，你并不具备员工所需的全部技能和经验。这就是为什么组织联结具有独特魅力：它让你能够协调和安排组织内部或外部人员进行交流，让员工与适合或最适合为自己提供指导的人建立联结。

你可以像联结型管理者一样成为成长方向引导者，为员工指明获取资源和建立人际关系的正确方向。虽然成长方向引导者的方法很少为非联结型管理者所用，但事实上，它操作起来并没有那么难。除了运用你工作领域的人际关系，你还可以利用已有的组织技术或（在一些情况下）亲自创造组织技术，类似于布雷萨德创造的"教我一招"平台。

然而，你不能仅仅为员工介绍联结对象后一走了之。在很多情况下，合适的成长联结并不存在于你的直接汇报关系或团队中，甚至不存在于你已知的职业关系和社会关系中。你需要成为"教练积极分子"，主动让员工为建立联结做好准备——包括与客户和其他利益相关者建立联结，同时在完成联结后与他们及时进行复盘。

如果你所在的组织愿意参与跨公司指导和跨公司技能分享，那么建立组织联结的难度将大大降低。除此之外，如果员工发现你不仅尽全力为他人提供指导，同时也会积极获取指导来满足自身成长需求，他们就会更倾向于主动建立新的指导联结——最终成长为最佳教练。

建立组织联结的工具

为成长对话做好准备和复盘指南——你可以在和员工进行指导对话时使用这组问题（见第 202 页"准备和复盘发展与成长对话的指南"），帮助他们建立组织联结。

【本章小结】

- 每当下属的指导需求超出联结型管理者自身专业领域时，联结型管理者就会为员工引荐组织内或组织外最适合提供相应辅导、建议或知识的其他教练。

  IBM的帕特里克·布雷萨德创造了"教我一招"软件系统，几乎覆盖了所有技能领域的专家，帮助员工从组织内的其他部门获取了最佳指导。

- 联结型管理者将成为方向引领者。他们会利用自己在组织内外的人际关系来为员工找到能满足他们成长需求的联结。

  休&克里的普拉纳夫·沃拉让服装行业的同行、技术合作伙伴和顾客（"友善的局外人"）来为员工提供指导。

- 联结型管理者会建立撮合和跟踪机制。他们通过和员工进行指导前的预热准备和指导后的复盘活动，帮助员工从成长对话中获得最大价值。

  IBM的斯图尔特·阿斯伯里用"快速约会法"帮助员工在与教练对话时提出好问题，同时在对话后及时跟进，了解员工的收获。

- 以身作则，树立最佳联结样板。除了指导自己的团队成员外，他们也会以身作则，为其他管理者的下属提供最适合的指导。

像雷恩·戴利这样的联结型管理者十分乐于指导他人，更重要的是，他会想办法控制指导次数，提升指导效率，并且不打乱个人的工作和生活节奏。

第七章
创建联结型公司

优秀的指挥家知道在什么时候让乐队自由发挥。[1]

——约书亚·贝尔，美国著名小提琴家

从数学的角度来看，"病毒式传播"并不难。从本质上看，它只需要一个人和另一个人分享某个内容，而后者又进一步扩散和分享，在此基础上，有更多的人参与分享——从而扩散的次数实现指数级增长。不过，各类供应商、专家、学者甚至《纽约客》杂志都对此进行过深度分析，从社会学和心理学的角度给出了解读。[2]为什么人们都如此痴迷于"病毒式传播"呢？可能是因为"病毒式传播"可以让人迅速建立网络影响力，包括社会影响力甚至资本影响力。什么事情一旦实现了"病毒式传播"，就能很快流行开来。提出创意的人在让创意实现"病毒式传播"的过程中起到的作用微乎其微。人们会自发传播一个想法，是因为它捕捉到了时代精神或抓住了热门话题——在人们看来，它值得分享。这跟工作有什么关系呢？因为"病毒式传播"同样适用于组织内部。高德纳公司的很多客户在发布内部软件或工作方式时巴不得让其成为热门话题，这一点都不奇怪。

　　想象一下，如果联结型管理者模式突然走红，我们身边所有的同事都想模仿，你就再也不必依靠一己之力和其他几个热心的联结型管理者努力在公司内部建立联结了。你认识的每个管理者都会推动形成积极的团队氛围，创造跨人际网的技能分享机会。当所有管理者都成为联结型管理者时，整个系统就会更加高效地运行。员工会更加敬业、学得更多、绩效更好。可遗憾的是，我们无法预测联结型管理者模式会像某个惊悚视频或可爱的模因一样走红。虽然如此，管理者仍然可以运用联结型智慧和最佳实践为自己的公司带来持久的影响。

　　打造联结型公司的好处显而易见，但打造联结型管理者生态系统需要的不仅仅是一个值得传播的好创意，更需要大量管理者切换为联结型思维方式和工作方式。我们在探索这一转型时不仅需要向已具备联结型管理者素质的管理者或有抱负的管理者寻求帮助，还需要向可以使制度和流程全面落地的人力资源专家和组织领导寻求帮助，在打造联结型公司的过程中，他们是开展联结型活动的赞助者、宣传员和社区联络员。作为一名管理者或有抱负的管理者，你依然在打造联结型模式中起核心作用，但本章会重点分析联结型管理模式的幕后推动者，这些人可以让联结型管理模式适用于所有员工。

　　让我们先做一个铺垫。首先，我们知道仅有 1/4 的管理者是联结型管理者。[3]因此，各类组织将不得不花大力气"购买"或"打造"更多联结型管理者来填补空缺。本章第一部分将集中讨论"购买"：外部招聘。从组织外部寻觅顶级管理人才非常快捷并且有很大的选择余地，因此，我们将着眼于吸引潜在联结型管理者加入的策略。第二部分将聚焦内部"打造"，公司侧重于难度更大但也更重要的工作，即改变现有管理者的行为方式，包括确定未来目标、让他们接受联结型管理方式、丰富他们的职业经验、让他们走上联结型管理者轨道等。哪怕我们已经为当下的管理层打造出完美的成长路径，我们仍然需要思考新员工或准管理层的发展。最后，我们会探索为了提升员工的整体绩效和敬业度，个人贡献者需要有哪些转变和提升，以此为我们的讨论画上圆满的句号。在本章结束时，我们希望这些技巧能够赋予你所需要的信息和"弹药"，帮助你的公司从整体上转型为联结型公司。

建设联结型管理者人才库：寻觅并选择联结型管理者

因为联结型管理者并不常见，很多人向我们询问如何才能在招聘和选拔过程中识别出联结型管理者。很多组织会害怕选到不合适的管理者。在选拔过程中引入新的声音和新的标准，可以提升招聘到联结型管理者的概率。

在招聘中引入联结型管理者的声音

虽然很多组织仍然主要依靠职位描述来寻找候选人，但和以前的情形相比，如今很多候选人都能轻松获取更多的公司或岗位信息。例如，借助 Glassdoor [①] 和推特这样的工具，求职者只需要动一动手指，就可以查找到关于雇主的无数相关资料。此外，因为求职过程如此简单，求职者甚至会因为"只是看一看"而申请自己不一定想要的工作。面对自主性更强的雇员，世界各地的公司会花更多精力来塑造和推介雇主品牌，以此来吸引更多的潜在求职者。然而，我们的研究表明，求职者虽然可以通过网络搜索到海量信息，但并不能保证总能顺利地获得自己想要的信息。何况面临海量信息，他们未必能做出正确选择。数据显示，2008 年以来，新入职员工中后悔自己就业选择的人增加了50%。[4] 在我们招揽联结型管理者时，我们需要主动传递信息，让求职者在尽可能充分了解情况的基础上做出决定——让他们真正了解自己在加入公司后能够获得的联结型管理经历。

荷兰能源化工总公司（DSM）是总部位于荷兰的一家化学公司，该公司根据潜在员工想要了解的信息对招聘进行了相应的调整，不再只进行华而不实的品牌推介。他们是如何挖掘进入招聘流程的求职者真正想要了解的内容的呢？他们是通过邀请用人部门的在岗员工参加为期一天的"黑客松"[②] 活动来实现的。在这一天内，招聘人员和用人

---

① Glassdoor是一个允许用户评论企业的网站，任何企业的现任员工和前员工都可以在该网站上匿名评论雇主。Glassdoor还允许用户匿名提交和查看工资，以及在其平台上搜索和申请工作。——译者注

② 又称"编程马拉松"或"黑客马拉松"。在"黑客松"活动中，背景不同、技术各异的开发者们会在24小时内现场组队，进行代码开发，创造产品原型，以解决某一个具体的行业痛点或困难。"黑客松"的精髓在于：在一段特定的时间内，很多人相聚在一起，以他们想要的方式，去做他们想做的事情——整个编程的过程几乎没有任何限制或者方向。——译者注

部门的在岗员工一起创作以候选人为中心、能够对目标人才产生吸引力的内容。参与者在了解招聘对象后，就如何描述和宣传这一招聘岗位进行头脑风暴。"黑客松"活动结束后，荷兰能源化工总公司的招聘团队就能精准获取招聘某类人才的宣传资料、宣传口号、广告文案和视频草稿。经过定量研究，我们了解到，联结型管理者会在公司内部创造有机的联结通道。因此，在招聘过程中，如果让联结型管理者有更多的参与机会，就会吸引更多联结型管理人才加入。

　　总部位于美国的电脑软件公司财捷集团（Intuit）也采取了相关措施来增强信息传递的有效性。这家公司充分利用现有员工资源，不仅从他们那里获取宣传内容的灵感，而且通过鼓励内部推荐来获取更有针对性的候选人。财捷集团的人才招聘主管需要根据不断变化的技术和资源需求对招聘战略进行调整，他们决定让业务领导在特定岗位的招聘中拥有更大话语权。集团决定打造人才生态系统，让更多工作人员参与到招聘策略制定中。

　　通过和业务主管、多元化的事业合伙人、员工资源小组、数据分析团队和外部合作伙伴进行合作，招聘主管可以绘制出理想候选人的图谱，找到一批非常适合相应岗位的候选人。财捷集团会组织潜在候选人和现有员工进行交流，让他们了解财捷集团的职业发展路径。招聘主管会让现有员工和管理人员参与到交流中，评估候选人的能力强弱、成长潜力以及与公司价值观的匹配程度等。在这个例子中，现有员工成为候选人获取信息和了解情况的宝贵资源和渠道。财捷集团这么做可能是为了寻觅不可多得的技术人才，但类似做法在招聘管理人员时肯定也能取得很好的成效，可以为判断候选人是否有成为联结型管理者的特质或潜力提供参考意见。

在候选人中找到联结型品质

通过上述策略，从组织内部、外部吸引和选拔联结型管理者的难度似乎可以降低。但一切并不总是那么顺利。在培养现有管理人员的联结型品质时，你可能需要强调某一系列能力，而从外部招聘联结型管理者时，你可能需要强调另一系列能力。事实上，史蒂夫·豪厄尔在参与联结型研究后，完全推翻并重写了他所任职的博彩公司的职位描述。

我们在第五章提到过豪厄尔，他在开始为约翰内斯堡赌场的后厨寻找新主厨时跟我们说："我们有一个叫作'定向选择'的项目，会（为最终胜出的候选人）建立档案。而这次我们创建了主厨档案后决定，选一个和档案完全不符的候选人。就这样，我们找到了现在的联结型主厨。"这种方法虽然有些极端，但对豪厄尔来说非常管用。通过这种方式，豪厄尔带领团队雇用了一名让厨房氛围发生巨变的主厨。

如果你想用更具体或更具有迁移性的特征来描述和定义你想找的联结型管理者，只需要考虑我们在前面章节讨论过的联结型管理者的基本特征即可。到目前为止，你已经通过第四、五、六章提到的故事了解了其中的一部分。

为了让大家能回忆起来，我再重复一遍联结型管理者的基本特征：

- 对人和创意有好奇心——联结型管理者对了解周围的人和新兴产业或领域很感兴趣，会不停地进行提问，在工作中精力充沛、充满热情。

- 有应对困难局面的勇气——联结型管理者敢作敢为，不担心追求离经叛道的创意，敢于"失控"，勇于做出"不受欢迎的"决定和给出严厉的反馈。

- 愿意从不同视角进行学习——为了自身发展和团队发展，联结型管理者会识别并认可不同的视角。

- 坦诚且有自我觉察意识——联结型管理者了解自身的强项和弱点并愿意和其他人进行分享。

- 乐于分享但不盲目分享——联结型管理者愿意分享自己的时间、知识、信誉、权力、信息和对他人的信任。

我们之所以再一次提起这些特质，是因为它们体现了联结型管理者的精神，同时可以帮你找出自己团队当前最需要的特质。当你换一种语言来描述成功的管理者时，你对成功的定义就会更侧重于联结型品质。不论你是完全推翻某个职位描述，还是进行小的修正与完善，都值得根据具体情境来检查描述中涉及的联结型品质。即使在你确定最重要的联结型特质是哪些之后，在面试中发现好奇心、自我觉察意识或坦诚这样的"软"特质也并不是一件容易的事。大多数面试者都会接受性格测试和软技能测试，你也可以通过行为类问题进行联结型管理者行为测试。除了第 203 页的"联结型管理者面试问题样例"

外，下面这些测验行为和管理特质的样题也可以帮助面试官找出联结型人才：

联结型管理者面试样题

行　为
- 请和我分享你没有找主管或正式的导师，而是从同事那里获得建议或指导的一次经历。结果怎么样？（这个问题旨在确定候选人在个人成长中是否重视来自不同视角的建议。）
- 你是否能举个例子，说明倾听或提问让你获取了某些信息并改变了你的看法？（这个问题测试候选人是否对他人和新想法有好奇心。）

管理员工
- 请和我聊聊你目前正在管理的团队。员工的动力来自哪里？你如何对此进行挖掘？（这里给出的答案应表明候选人充分了解每一位员工，能够在此基础上塑造大环境。）
- 当你意识到自己并不具备某位下属需要学习的一项技能时，你是怎么做的？你如何帮助他获取所需指导？（这个问题能够评估候选人对自己的了解程度以及让下属获得最佳成长联结的能力。）

投入一定时间了解联结型管理者的品质，确定哪些品质最适合新的管理岗位，这对大家的招聘有很大帮助。在确定职位描述、能力模型和行为面试指南时，语言一定要尽可能精确。前期花时间建立的清晰定义能带来与预期相符的候选人，让我们招到有联结型管理者特质的新员工。

管理岗位招聘的宣传语不仅适用于外部，在公司内部同样适用，因为打造联结型公司不仅包括吸引外部的联结型管理者，还要求在公司内部打造顺畅的联结型管理者上升通道。

培养联结型管理者：过去的经验无法指导未来的发展

"我们有超过 3 000 名管理者，有些已经在管理岗位上干了 15 年以上。帮助这些管理人员形成一种全新的、前瞻性的看法是一种巨大的挑战……不能有效提升自己的管理者将很容易和员工以及业务脱节。"

埃纳特·皮洛斯基是 Amdocs 公司 [①] 全球管理提升部门负责人，她和我们分享了她在帮助管理人员提升自己时面临的巨大挑战。Amdocs 公司是一家顶级软件和服务供应商，在超过 85 个国家有 25 000 多名员工。过去几年间，Amdocs 公司从一家移动通信计费公司转型成为涉足多项业务的技术公司，是一家典型的处于持续快速发展和变革中的跨国公司。在这个快速转型过程中，公司的高级管理人员面临的转型挑战最大。皮洛斯基说，公司经验丰富的管理人员都认为自己知道如何进行高效管理，但实际上，当前所面对的管理情境已经发生了根本性的改变。如今，他们需要管理远程团队、应对不同的工作场景和不同的核心业务以及不断变化的技能环境等，而这仅仅是众多变革的一部分。有了"过去的经验无法指导未来"的意识与认知，Amdocs 公司开始对自己衡量与评价管理人员的标准提出了质疑。公司迫切需要一颗新的"北极星"来引导方向——这颗"北极星"是什么呢？

[①] 一家跨国公司，目前总部位于密苏里州的切斯特菲尔德，其支持和开发中心遍布全球。该公司专门为通信、媒体和金融服务提供商以及数字企业提供软件和服务。——译者注

找准"北极星"：卓越管理者培养模式

鉴于我们已经深刻分析和理解了联结型管理者模式的广泛益处，你或许已经迫不及待地着手为你的管理者制定新的联结型管理者培训项目了。然而，武断地推行联结型管理模式或者不考虑现有的组织规范、习惯和文化，就跟无视自己生活的实际情况而直接开始通过节食或运动来减肥一样草率。当你开始带着瑜伽垫去开会或者凌晨 3 点起床喝一杯电解质饮料的时候，你会发现积习难改。因此，你迟早会发现自己（或你的管理者）因为并没有明确的目标而生搬硬套，必然会重蹈覆辙，毕竟原有的管理文化和思维习惯积习难改。

在与高德纳公司的客户合作时，我们看到每一个组织都有其独特之处，需要从不同阶段启动其联结型管理者改进计划。在一些组织中，我们发现时刻待命型管理者和谆谆教诲型管理者较多，他们往往会不厌其烦地给员工提供大量的指示、指导和反馈。在这种情况下，你应该将联结型管理方式用于改变管理者的时间分配。管理者应该着眼于识别员工需求并保证他们在合适的地方得到合适的发展支持，而不是依靠个人给下属提供所有的反馈和指导。正如可口可乐东南亚区前人力资源主管金·玛姬所言："这对于所有管理者都是个好消息，因为这实际上是告诉管理者不需要承担所有的工作，会有合适的人来提供相应的帮助。"

同时，也有许多组织没有形成很强的指导和反馈文化，管理者往往不会多加干涉，他们更倾向于摇旗呐喊型方式。这些公司的人力资源部门大多会选择实行和推广持续反馈的制度，希望管理者能有所改善，为直接下属提供比当前更多的、更有操作性、更有针对性的反馈与指导。在这种情况下，强调反馈和指导的关键作用以及管理者对此责无旁贷更为重要。即便不是由自己直接提供，他们也有责任帮助员工获得所需的培养和指导。尽管如此，管理者也不必担心因为公司要求为员工提供更多的指导而变成时刻待命型管理者。

一旦你确定了自己的出发点，下一步便是确定和传达管理者的培养目标。联结型管理者模式的一大优势是，它可以根据你的需要进行灵活调整，所以，首先请考虑你希望这一模式在你所处的组织环境中如何发挥作用，然后再反向确定你需要管理者进行的一系列核心操作。

管理者全情投入

埃纳特·皮洛斯基知道，她实施的联结型管理者项目"北极星模式"要想获得成功，需要契合 Amdocs 公司的特质。尽管没有放之四海而皆准的方法，但当你尝试改变行为时，过往的经验和习惯会起到重要作用。

皮洛斯基已经深刻意识到，Amdocs 公司现任的管理者需要重塑他们的管理方法，并且公司至少需要采取一些必要的措施进行一些正式的再培训。但许多在任的管理者并不情愿接受指导或被告知如何进行管理，毕竟他们已经有几十年的管理经验了。皮洛斯基的任务是将这些终身任职的管理者和他们的新同事召集起来，在使他们不相互疏远的前提下互相影响从而共同改变。在她思考如何应对这个挑战时，她考虑的不仅是 Amdocs 公司需要向管理者传达的信息，还有率先说服管理者参加培训的策略。

事实上，皮洛斯基面临的困境与挑战在企业日常管理中司空见惯。大部分组织对管理者培养项目投入了巨大的资源，培养管理者的领导技能和指导方法始终是人力资源部门的首要关切。更重要的是，学习与发展部门会花费 1/4 以上的年度预算用于管理者培养项目。尽管受到了普遍重视，我们的研究仍然表明，在个人所占用的培训资源中，只有不到 30% 会被应用于工作中[5]。对管理者来说，坚持参与并完成自己认为毫无用处的培训很令人懊恼，而对组织来说，看到一大笔投资毫无回报时同样如此。不幸的是，并没有什么全方位的培训方法或渠道能像灵丹妙药一样普适性地加速管理者成为联结型管理者的进程。像家具的搭配一样，某种培训在某个房间中（或情景下）就是会有更好的效果。然而有趣的是，我们确实发现了一种方法，能够激励管理者主动学习，并有效提高员工将培训资源应用于工作中的可能性。大部分人力资源从业者都致力于通过培训项目取悦员工，但我们的调查和分析表明，并没有人去关注受训者或学习者的体验和感受，或者说受训者是否享受这个学习过程并不重要。员工实际上不需要一个所谓的有趣的或良好的学习体验，而是需要从具有明显的"职业适用性"的学习中获益，这使他们运用从培训中学到的经验的可能性提高了一倍[6]。换句话说，管理者需要看到他们的培训内容与自身长期的职业目标有明确的关联。

当你开始传授联结型管理者模式时，我们希望你尽快阐明这项培训将如何有助于管理者的职业发展。在设计 Amdocs 公司的全新管理者培养方案时，皮洛斯基意识到了这一点，最终她得出结论，告知管理者如何进行改变是徒劳的，她的做法是将管理者直接带入有关其角色定位的核心讨论中。Amdocs 公司的管理者培养方案简单而有效：邀请管理者参与专门的"数据漫游"（data walk），向他们展示人力资源部门从内部敬业度调查报告和 Glassdoor 等公共雇主评价网站中获取的员工反馈。这些数据反映了员工对公司管理者的整体评价以及这种看法对业务可能造成的潜在影响。由于 Amdocs 公司的管理层都自认为是数据专家，这种密集的数据展示恰好迎合了他们的专长从而迅速被接受。

向管理者展示他们收到的评价并不是一种简单的震慑策略，而是后续更多措施的第一步，即让他们树立观念并重新定义公司的成功标准。在浏览数据后，Amdocs 公司的管理者会反思他们当前的行为可能会阻碍以及如何阻碍了他们实现未来业务目标能力的发展。有了这种认知，他们会逐渐开始意识到需要改变自己的管理方式。然而，从达成应该进行改变的共识到实施集体成长的实际计划，管理者还要更加努力。

人力资源部门往往会形成自己对"卓越"的定义并要求管理者据此采取行动，但纯粹的规范性管理者培养方式并不会有助于管理者自身的职业发展，只有让他们自己设定未来的成功标准才行。Amdocs 公司的管理者接下来进行了一次"黑客松"活动，利用真实的员工数据来发现未来管理者角色中最重要的组成部分。换句话说，管理者正在为自己的发展铺路。

当你将自己的管理层置于联结型管理者模式中时，不要试图将这一新概念强加于他们。正如我们所见到的，让广大管理者群体自己定义联结型管理者方式对他们自身的角色和他们的团队所起到的作用会更有价值。

使联结型管理者的职业经历多样化

凯特·科尔年仅 40 岁，但已经是最高级别的高级总裁了，可以算是年轻有为。事实上，作为旗下拥有老墨烧烤（Moe's Southwest Grill）、肉桂卷（Cinnabon）和安妮阿姨牌椒盐脆饼（Auntie Anne's Pretzel）的焦点集团（Focus Brands）的首席运营官，科尔的年龄可能恰恰是她平步青云的职业生涯中最微不足道的一点。[7]科尔的背景中的第一个惊人之处是她的学历。她拥有佐治亚州立大学的工商管理硕士学位，但之前她从未取得学士学位。更令人惊讶的是她的职业背景。她 19 岁时便在猫头鹰餐厅（Hooters）做服务员，她做了两份工作来帮助单亲母亲抚养年幼的兄弟姐妹。[8]

科尔的职业道德无疑给人留下了深刻印象，而她天生的商业头脑使她获得了早期的成功。有了十几岁就在佛罗里达州开设多家猫头鹰分店的经验后，科尔受命到澳大利亚开设第一家猫头鹰餐厅。[9]科尔表示，这是她职业生涯中第一个决定性时刻。当她有机会飞往澳大利亚时，她甚至还没有护照。因此，她特别要求用一天时间来考虑这个机会，随后从杰克逊维尔飞往迈阿密，排队领取了护照，而后立刻告诉猫头鹰公司企管部，她同意去澳大利亚。她回忆道："他们始终不知道我飞去了迈阿密，他们也不知道我没有护照。几天后，我就毅然飞去了澳大利亚。"[10]

科尔在澳大利亚的时光让她体验到了完全不同的文化、信仰和工作方式，但这段经历也充满艰险。在几年后回想起那个充满挑战的职位时，她表示："我只知道如何做好本职工作并培训和引导他人做好他们的工作，这使我称职，但并不一定胜任，至少我自己不这么认为。我在那儿待了 40 天，开设了第一家连锁店，并将这个千载难逢的经历变成了自己的职业生涯的转折点。"[11]

为了发掘联结型管理者普遍意义上的职场决定性时刻，我们的数据调查对联结型管理者群体的共同经历进行了搜索。我们希望找到一条成为联结型管理者的清晰路径，当然是比科尔的经历更有普遍意义的路径。例如，领英最近对 1.2 万名 CEO 进行的一项研究表明，这些CEO 都有一项相似经历：他们曾在一些特定的精英商学院和大学进行学习。[12] 我们的预期是寻找一些类似的具体事例来对大部分联结型管理者进行解读，但我们的发现更加有趣而且差异极大。我们发现，联结型管理者往往比其他类型的管理者拥有多样化的职场经历。[13] 具体来说，联结型管理者会有一系列不同的职业变动，包括：

- 全球化视野
- 在大型团队中工作的经验
- 在具有多元文化的团队和远程团队中工作的经验
- 在由不同业务部门的员工组成的混合团队中工作的经验
- 负责具有高度挑战性、适合更资深职位的工作

· 在职业生涯中承担越来越多的责任

　　同样，这对那些试图为成为联结型管理者提前做准备的群体来说是个好消息。统计数据表明，有很多种方法成为联结型管理者。当然，在科尔的例子中，我们可以看到多样化的经历如何塑造了她的成功。在她的职业发展过程中，她保持着一种信念，即不仅要抓住机会，还要为自己创造新的机会。[14] 当然，普通人可能需要一个学士学位才能获得工商管理硕士学位，但科尔在猫头鹰餐厅之外的丰富的餐饮服务行业志愿者经验为她与高级管理人员建立了宝贵联结和提供了一系列强有力的证明。

　　无论你所在的组织强调的是哪方面的多样化工作经验，有一件事是明确的：许多机构内部都存在创建一个更加灵活的内部劳动市场的驱动力。然而事实是，大部分员工很难意识到或发现组织内不同部门的成长机会。尽管他们明白职业发展不再是线性的，在企业的其他部门可能会有相关的工作机会，但他们往往不知道从哪里开始。许多人会因为无法找到或获取有助于下一个角色或工作的发展机会而感到沮丧。

　　由于意识到这个可见性挑战，一些大公司已经开始为员工和管理者提供相应的工具和资源，以帮助他们探讨面向未来的职业计划。为了帮助员工利用多样化的工作经验来打造非线性职业发展，麦当劳于2018 年为员工推出了指导性职业规划资源。[15] 此外，麦当劳还计划在移动应用程序中发布职业规划工具，其中不仅明确列出了做好某项工作所需的技能，还包括如何在特定职业路径上发展所需的技能。员工可以利用这些资源来确定未来的职业选择，并按照自己的步调完成培训模块，从而发展他们在未来角色中所需的技能。[16] 当你考虑如何调动自己的员工来获得不同的工作经验时，可以借鉴麦当劳的做法，并记住，提高职业发展路径的可见性是成功的一半。

另一半是什么呢？可以让员工与管理者进行关于职业发展的对话。为了使员工在公司中有更广泛的角色选择，希尔顿酒店（Hilton Hotels）创建了自己的职业发展工具，并鼓励员工与管理者就其职业发展进行沟通。[17] 像下国际象棋一样，通过横向和纵向的人员流动，希尔顿的方法可以帮助员工和管理者直观地了解未来的职业发展。[18] 作为职业规划的一部分，希尔顿酒店要求员工与经理一起思考他们目前所拥有的技能以及他们为实现未来职业目标所需要培养的技能。[19] 通过鼓励员工尽早考虑为未来角色进行自我培养，希尔顿酒店可以让员工在以后的职业生涯中为担任更多的角色做好准备。

如果你对提供不同的工作经验和培养联结型管理者有兴趣但没有长期的发展选项，那么可以考虑模仿英特尔的发展机会工具，这一创新模式便于在较短的时间内运行。发展机会工具允许员工申请短期任务，将其全部或部分工作时间用于特定时间段内的特定项目。这个平台为员工提供了培养公司其他部门相关的技能、知识和关系的机会，且不必进行全面的工作调动。英特尔的这一平台也使管理者可以更轻松地填补团队中针对特定项目的技能差距，并尝试潜在的长期人才储备。总体来看，发展机会工具帮助英特尔提高了创新能力，打破了部门间的封闭和壁垒，并且可以帮助公司和管理者通过丰富多样的项目来培养联结型管**理者。**

不是只有希尔顿、麦当劳或英特尔这样的公司才能建立大规模的发展体系，市场上可用的学习渠道以及企业解决方案的数量和多样性前所未有，你甚至完全不需要投资新技术，就可以建立这些共享个人发展情况的门户网站或联结点。人们在生活和工作中常见的劳动力解决方案和社交协作工具，已经为标记和跟踪专用联结点提供了可能的工具支持。实际上，你可能已经拥有了支持联结型管理者所需要的科技手段。实施这种解决方案时，重要的是始终将联结型管理者模型作为核心，不要让自助服务工具带来毫无针对性的混乱局面。

提高对个体贡献者的要求

正如我们刚才讨论的希尔顿酒店的案例那样，员工要有天时地利并鼓起很大勇气，才能在与管理者的日常交流中提起职业规划。尽管通过调整培训和招聘流程来培养和挖掘更多的联结型管理者十分重要，但也需要考虑到管理关系另一端的隐性参与者——那些并不准备成为联结型管理者但其工作会受到强烈影响的人。如果管理者成为联结型管理者，那么他们的直接下属会受到怎样的影响呢？你需要个体贡献者 ① 做出怎样的改变呢？

尽管我们探讨的许多策略都是针对管理者的，但每个员工也可以

---

① 指组织内部独立完成某项具体任务的普通员工。——译者注

做一些事情（以及停止做一些事情）来帮助管理者成为联结型管理者。思考一下联结型管理者与每位直接下属所建立的双向互惠关系。如果以我们此前对员工联结（对你的直接下属的独特优势、培养领域和目标建立更深入的了解）的强调为前提，那么正如我们在团队联结和组织联结那部分所讨论的那样，联结型管理者应该以一种合乎逻辑的方式将部分指导活动移交给他人。

　　还记得我们在第二章中讨论过的金融服务公司高级人力资源主管亚里克斯·金吗？金先生意识到，了解自己的行为在公司的新常态下应如何改进，这对管理者和个体贡献者都十分重要。他和他的团队与公司的管理者和个体贡献者进行了焦点小组讨论，以了解在一个更加扁平化的组织中工作的益处和挑战。在这些讨论中，管理者反映，他们已经不能再担任所有员工的唯一指导者，不断扩大的职责范围迫使管理者依赖他人来提供指导和反馈。他们中的一些人表示，他们需要将指导任务分派给能够胜任的员工（如资历较老或有专业知识的团队成员）。一位个体贡献者表示："从直接下属的角度来说，我经历过（联结型管理者模式的益处）要承担更多责任的过程。我希望有机会提升自己。以前是一种更具等级性的文化，但现在我不用仅仅机械地做记录了。即便作为个体贡献者或普通员工，我也必须主持与高级领导的会面。"

　　由于公司整体规模通常保持不变而管理者职权范围却在不断扩大，进入人力资源管理领域的机会自然更加有限。有能力的个体贡献者或许要等待更长的时间，才能成为团队管理者。在等待的过程中，个体贡献者不应无所事事。他们可以并且应该主动推进自己的事业和个人发展。如某一位个体贡献者所言："管理者一直肩负着推动员工职业发展的责任，但现在，个体贡献者意识到管理者将不再是列车的指挥员。如果直接下属想要做什么，他们就要坚持到底。"通常来说，员工应该对获取自己感兴趣的任务或职业发展拥有更大的自主权。

在一个真正的联结型公司中，不仅是管理者要转变为联结型管理者，直接下属也必须一改被动接受反馈和指导的状态，更加积极地关注自身发展需求，寻求个人发展联结，与团队成员共同进步，从而主动地为指导关系做出贡献。人力资源部门和管理者应该明确对个体贡献者的新要求。如果他们不增强意识，这一体系就无法起效。

最后，我们知道一些员工会要求持续的反馈和指导，这多见于职业发展初期的员工和特定的人群。管理者需要为自己将会提供的培养类型定下基调并设定期望值。换句话说，指导方式不会一成不变，它的目的是专门满足他们的需求，并随着彼此之间更深的了解和更多的合作而调整。

亲身实践：建立联结型公司

无论是否已经有了相应的组织目标和资源来整体向联结型管理者转变，你都可以采取一些关键措施以便开始建立联结型公司。

首先，你应该着眼于管理思维转变。组织内部具有不同背景和角色的所有管理者都必须认识到，时刻待命型指导模式无效且不可持续，而联结型管理者方式能够全方位胜出。这种思维方式的转变应该包括自我发现的元素，即管理者要用自己的语言甚至活动来塑造一种与联结型管理者模式更契合的新的管理者角色。无论你是希望管理者从整体上重新定义卓越的管理方式，还是针对管理者在如今指导员工方面的作用进行更具体的讨论，你都可以在不同的情境下给予专业的协助。

其次，当你基于理论知识来培养当前和未来的联结型管理者时，请考虑如何才能创造机会，使员工的职业经历多样化。接受新的和多样化的工作机会能够扩展员工的思维并形成联结型管理者的基本特质。如前所述，你也需要考虑最合适的招聘方式和技巧来吸引未来的联结型管理者。例如，鼓励你的联结型管理者帮忙构思管理职位描述并参与到主要候选人的面试环节中。最重要的是，你应该建立一个联结型管理者招聘标准，让潜在的应聘者深刻地认识到他们在你的公司任职管理者能够获得什么：联结。

最后，你的公司对"卓越管理"的重新定义不应局限于管理者。这个过程也应该有直接下属的参与。个体贡献者或普通员工也可以通过承担新的职责和活动来支持联结型管理者，他们可以指导和培养同事、在团队会议中分享自己的优势等。你需要考虑一些方法来与各级别员工进行最有效的沟通和互动，而不仅限于管理者。

建立联结型公司的方法

- 联结型管理者面试问题样例——这一方法（见第 203 页）给出了一些面试问题样例从而有助于聘用潜在的联结型管理者。

【本章小结】

· 除了依赖一个个联结型管理者外，公司也可以将联结型管理者模式应用于整个组织从而扩展其益处。

一线管理者、中层管理者、人力资源专家和高级领导都会并且应该在创建联结型公司的过程中发挥各自的作用。

· 各组织应重新定义"卓越管理"的标准，从而构建符合其所定义的指导目标的联结型管理者的特质。

可以培养的联结型管理者素质包括智力水平和好奇心、自我察觉意识和透明度、灵活性和开放性、勇气和审慎的慷慨等。

· 通过邀请联结型管理者参与招聘流程并在候选人中寻找联结型管理者特质，组织能够吸引到更多的联结型管理者。

利用第203页的联结型管理者面试问题来修正关于所需聘请人员的资质的描述。史蒂夫·豪厄尔修正了主厨职位的招聘条件和背景要求，使之看起来更像联结型管理者。

· 为了使管理者参与到转变成联结型管理者的过程中，组织应该向管理者证明改变其管理风格的价值。

Amdocs公司通过开展"黑客松"活动，展示真实的员工数据，帮助管理者意识到了改变其管理方式的价值。

- 组织应为当前和未来的管理者提供多样化的职业经历以培养联结型管理者特质。

  回顾最有价值的联结型管理者经历（如大型团队、弹性任务等）并像希尔顿和麦当劳一样，和人力资源部门共同建立潜在的职业路径。

- 组织应该清楚联结型公司对个体贡献者的新要求，包括在工作中有更大的自主权，对自身职业发展有更强的责任感，以及更努力地对指导性沟通和培养经历进行反思。

结　论
成为超级联结型管理者

每天都要提升自己的领导力。[1]

——迈克尔·乔丹，前职业篮球运动员

至此，我们已经掌握了成为联结型管理者的技巧，或者大家已经是管理者中占 25% 的联结型管理者的一员了。那么下一步该如何做呢？

如果你一直在认真阅读此书，那么你不会对此感到意外，即联结型管理者的影响力会使他们的整个职业生涯更加成功。随着他们逐渐增强自己的影响力和组织权威，高阶联结型管理者通常会进一步扩大他们的管理影响力。我们所分享的一些实际生活中的商业领袖的案例充分说明了，随着时间的推移，联结型管理者会变得更加强大，我们将这些高级领导称为"超级联结型管理者"，这是掌握了成为联结型管理者要领的管理者所应追求的影响力和效率显著提升的状态。

超级联结型管理者能够将联结型管理者要遵守的原理传播给更多的员工，是企业范围内具有影响力的协调者。为了更深入地了解成为超级联结型管理者的意义，我们将重点介绍超级联结型管理者应该在其公司内部主导的三项关键活动。在理想情况下，你会借此形成一些想法和策略，从而在自己的卓越职业生涯中表现出这些特质。

打造联结型管理者基础设施

高级领导可以进行的第一项也是最有影响力的用于扩展和支持联结型管理者模型的投资就是，打造更易于实现员工联结的环境、系统、流程或平台，我们将这些系统称为联结型管理者基础设施。你可以回想 IBM 业务负责人帕特里克·布罗萨德领导开发的 IBM "教我一招"平台，这是联结型管理者基础设施的一个很好的例子。

如果你当前的职责是为公司的新系统或新平台建设争取资金和资源支持，那么你就是在负责为公司打造联结型管理者基础设施。或者，回忆一下，在 "教我一招" 的案例中，布罗萨德的员工仅凭自己的技能和对实际业务挑战的理解，就主动贡献其技能，免费创建出了能够正常运转的平台产品雏形。所以，如果你无法获得联结型管理者基础设施投资的前期资金，不妨考虑如何利用内部人才的创造力和内部既有资源。无论你需要的是资金上的支持还是其他支持，都应尝试利用自己在公司中的地位，并利用人际关系影响力为你的想法寻求支持。

除了将创建新联结过程或结构中更实际的部分落到实处，超级联结型管理者可以也必须在组织内部倡导联结型管理者的工作方式。在南非博彩公司高管史蒂夫·豪厄尔的案例中，他对于联结型管理者模式充满了热情，以至于每天不止一次地提及这一模式。豪厄尔不仅将联结型管理者模式纳入了各个级别的管理培训项目中，还将自己非正式地任命为组织中的"联结型管理者推广大使"。他会专门留出时间讨论个别管理者在指导中遇到的挑战，这是他日常工作之外的自愿投入。

在所有这些案例中，必须要承认简洁和人性化的重要性。在豪厄尔的案例中，设立联结型管理者面谈时间是一种不需要技术支持但具有极大影响力的倡导联结型管理者模型的方式。换句话说，在涉及企业联结的解决方案时，要使目标简单明了。在高德纳的研究中，我们发现了无数技术先进的项目和平台因解决方案过于复杂或无法与员工工作完美融合而失败的例子。领导者既能满足实际业务需求，又能整合资源并以适合组织环境的方式解决问题，这是成功的关键因素。

持续提供指导

即使在对日程安排和职责感到不堪重负的情况下，超级联结型管理者也不会忘记自己的指导职责。他们与团队保持着密切的指导关系，也会在日常安排中留出时间，（审慎地）为组织内外的其他人提供指导。

我们在这里使用"审慎"一词是因为，超级联结型管理者用于积极培养人才的时间往往非常有限。我们可以看到，社会上许多最成功

的人士都试图通过成为慈善家或人道主义者，利用自己的资源和关系
来解决看似棘手的问题。但是，作为世界上最著名的慈善家之一的比
尔·盖茨承认："有效的慈善事业需要大量的时间和创造力，这与创
办企业所需的精力和技巧相同。"[2] 在你自己的组织中，承担所有的重
要工作可能很有吸引力，但要想成为一个成功的超级联结型管理者，
你应该回到最初的联结原理：根据自己的专长进行指导，其余部分则
通过与他人的联结来解决。随着你的影响力日益增强，你要学会克制
培养每个人、指导每件事的冲动。相反地，要找到并专注于你所擅长
的与应该做的指导领域。理想情况下，你的指导领域应该是你的专业
技能和个人兴趣交汇的地方，也就是你的热情和特长所在。

　　本着平衡的精神，超级联结型管理者不只会随着其在组织中的级
别提升继续指导他人，也会继续从身边的非等级性资源中寻求指导。
在你成为超级联结型管理者后，指导可以并且应该来自任何地方这一
观念并没有改变，但你与资历尚浅的员工建立有意义联结的能力可能
会受到阻碍。这便是为什么像埃德·卡特穆尔这样的领导者会坚持敞
开办公室的门，并积极听取各级人士的建议和想法。超级联结型管理
者将其触角伸向整个组织，以建立全新的、非等级化的或去中心化的
人员联结，进而从中获益。

成为联结型管理者磁场

　　由于有着更广泛的影响力，超级联结型管理者相应承担了越来越

多、越来越重要的责任。他们掌控大型业务部门意味着他们声名在外，得到了广泛的了解和尊重。这为从公司其他部门甚至公司外部吸引有志在联结型管理者指导下成就事业的员工创造了巨大的机会。我们知道，被联结型管理者吸引的人更有可能成为联结型管理者，所以，对超级联结型管理者来说，吸引人才是一项核心的职责和共性特质。[3]

超级联结型管理者不会用什么神奇的方法吸引顶尖人才。在许多情况下，他们作为公司的品牌形象大使，积极参加招聘活动，以著名校友的身份与学校和社会各界人士进行接触，并在定期的行业活动中发表演讲。超级联结型管理者在重塑美国著名的企业点评与求职网站Glassdoor 页面上的管理者和提振 CEO 信心等方面具有相当大的价值。以凯特·科尔作为完美的样板，她会亲自回复收到的每条推特私信，在领英上发布博客（大部分是关于指导和培养的重要性的），并且至今在平台上有超过 30 万粉丝。[4]

随着管理者在公司的地位越来越高，公司等级结构中较下层的员工会开始认为管理者越来越难以接近或令人生畏。这正是职位层级的本质，难道不是吗？但若想在联结型管理者游戏中快速升级，超级联结型管理者会通过比以往更加乐于分享的态度主动改变这种"高不可攀"的名声。超级联结型管理者打造了一个不完美但愿意成长的公众角色或形象。尽管他们会暴露自己不完美或"正在进步"的状态，但我们一次又一次看到的只是他们不断扩大的影响力、不断提高的声誉和不断向前的职业生涯。

无论你现在已经是管理者，还是有志于在未来成为更好的管理者，我们希望你从超级联结型管理者以及所有联结型管理者方式中学到的内容能够助你一臂之力。当然，我们从此书中与我们分享个人经历的领导者那里也学到了很多，我们自己也已将联结型管理者的经验谨记于心。如果说我们学到了一件最重要的事情——希望你也认为如此，那就是联结型管理者方式适用于每一个想要成为更有效的管理者并帮助他人取得事业成功的人。

注　释

第一章　你是哪种类型的管理者

1. Xenophon, *The Memorable Thoughts of Socrates* (London: Cassell, 1894).
2. BBC News, "Thailand Cave Rescue: Boys Found Alive After Nine Days," July 2, 2018, https://www.bbc.com/news/world-asia-44688909.
3. *The Week*, "Thai Cave Rescue: What Did the Boys Do While They Were Trapped?," July 19, 2018.
4. Benjamin Haas and Luke Henriques-Gomes, "Rescue of Boys Trapped in Thai Cave Could Take Months, Military Warns," *Guardian* (U.S. edition), July 3, 2018.
5. BBC News, "Thai Cave Rescue: Drones, Dogs, Drilling and Desperation," https://www.bbc.com/news/world-asia-44652397.
6. Michael Safi and Jacob Goldberg, "Former Thai Navy Seal Diver Saman Kunan Dies Inside Cave from Lack of Air," *Guardian* (U.S. edition), July 6, 2018.
7. Nicola Smith and Nuttakarn Sumon, "Navy Seals Teach Thai Boys How to Dive Ahead of Dangerous Cave Extraction," *Telegraph*, July 4, 2018.
8. *New York Times*, "Thai Cave Rescue: The Watery Trap Is Now Empty," July 10, 2018. Michael Safi, Jacob Goldberg, and Veena Thoopkrajae, "Thailand Cave Rescue Begins as Four of 12 Boys Freed in Day of Drama," *Guardian* (U.S. edition), July 8, 2018.
9. International Labor Organization, Key Indicators of the Labor Market, "Employment by Occupation—ILO Modelled Estimates, Nov. 2018," November 2018, https://www.ilo.org/ilostat/faces/ilostat-home/home?

_adf.ctrl-state=1xv29l69b_41&_afrLoop=2445149727894909#!.

10. Gartner, Inc., *A New Manager Mandate* (May 11, 2017). See sample
research at gartner.com/connector-manager.

11. Philip Arestis and Elias Karakitsos, *The Post "Great Recession" US
Economy: Implications for Financial Markets and the Economy*
(Hampshire, UK: Palgrave Macmillan, 2010).

12. *Human Resources Executive*, "How the Great Recession Changed
American Workers," September 19, 2018, http://hrexecutive.com
/how-the-great-recession-changed-american-workers/.

13. Gartner, Inc., *A New Manager Mandate*.

14 Gartner, Inc., *Open Source Change: Making Change Management Work*
(August 23, 2016). Internal report. Unpublished.

15. Gartner, Inc., *Reskilling the Workforce* (May 10, 2018). Internal report.
Unpublished.

16.同上。

17. Gartner, Inc., *Gartner Survey Analysis 2018*. Unpublished.

18. Gartner, Inc., *A New Manager Mandate*.

19. Gartner, Inc., *Why Feedback Matters, and How to Improve It* (November
18, 2014). Internal report. Unpublished.

20. Gartner, Inc., *A New Manager Mandate*.

21.同上。

22.同上。

23. Gartner, Inc., *Gartner Survey Analysis 2018*.

24. Douglas McGregor, "An Uneasy Look at Performance Appraisal,"
Harvard Business Review, May–June 1957.

25. Gartner, Inc., *Measuring Enterprise Contribution* (October 9, 2014).
Internal report. Unpublished.

26. Gartner, Inc., *A New Manager Mandate*.

27. Gartner, Inc., *2018 Manager Development Benchmarking Report* (April
2, 2018). Internal report. Unpublished.

28. Deloitte University Press, "Rewriting the Rules for the Digital Age: 2017
Deloitte Global Human Capital Trends," February 27, 2018.

29. Gartner, Inc., *A New Manager Mandate*.

30. 同上。
31. 同上。
32. 同上。

第二章　时刻待命型管理者的局限性

1. Kevin Lindsey, "John Wooden, Thank You for Being Such a Great Teacher," *Bleacher Report*, June 5, 2010, https://bleacherreport.com /articles/401655-john-wooden-thank-you-for-being-such-a-great-teacher.
2. Chris Stokel-Walker, "What Would Happen if We Banned Work Emails at the Weekend?," BBC, August 31, 2018.
3. Iain MacDonald, "Majority of Care Professionals Falling Victim to the 'Always-On' Work Culture," *Care Appointments*, May 14, 2018.
4. Shana Lynch, "Why Your Workplace Might Be Killing You," *Insights by Stanford Business*, February 23, 2015.
5. "Values," Olark.com, https://www.olark.com/values (accessed January 22, 2019).
6. 同上。
7. Gartner, Inc., *Improving Feedback with Neuroscience* (April 29, 2015). Internal report. Unpublished.
8. Gartner, Inc., *A New Manager Mandate*.
9. 同上。
10. 同上。
11. 同上。
12. Tim Herrera, "Why It's So Hard to Hear Negative Feedback," *New York Times*, March 26, 2018.
13. Gartner, Inc., *A New Manager Mandate*.
14. Gartner, Inc., *Gartner Survey Analysis 2018*.
15. Gartner, Inc., *A New Manager Mandate*.
16. Scott Berinato, "Negative Feedback Rarely Leads to Improvement," *Harvard Business Review*, January–February 2018.
17. Gartner, Inc., *A New Manager Mandate*.

18. 同上。

19. 同上。

20. *Doctor Who*, "An Unearthly Child," BBC, November 23, 1963, created by Sydney Newman, C. E. Webber, and Donald Wilson.

第三章　联结型管理者

1. Adi Ignatius, "Managers Don't Have All the Answers," *Harvard Business Review*, July–August 2018.

2. Alina Eacott, "Thai Cave Doctor Trained Divers How to Administer Dangerous Sedative to Kids," Australian Broadcasting Corporation, July 26, 2018, https://www.abc.net.au/news/2018-07-26/doctor-harry-harris -trained-thai-rescuers-to-administer-sedative/10039674.

3. Radhika Viswanathan and Elizabeth Barclay, "The 4 Risky Options to Rescue the Thai Boys Trapped in a Cave, Explained," Vox, July 7, 2018, https://www.vox.com/2018/7/7/17541602/thai-cave-rescue-boys -options-diving.

4. France 24, "Rescued Thai Boys Were Sedated and Stretchered from Cave," July 11, 2018, https://www.france24.com/en/20180711 -thailand-cave-rescued-thai-boys-football-team-sedated-stretchered.

5. Steve George, "Thailand Rescue: Divers Start Mission to Free Boys Trapped in Cave," CNN, July 8, 2018, https://www.cnn.com/2018/07/07 /asia/thai-cave-rescue-intl/index.html.

6. Bill Hutchinson, "With All Odds Against Them, Here's How Rescuers Pulled Off 'Miracle' Thai Cave Mission," ABC News, July 11, 2018, https:// abcnews.go.com/International/odds-rescuers-pulled-off-miracle-thai -cave-mission/story?id=56509114.

7. France 24, "Rescued Thai Boys."

8. Charis Chang and Gavin Fernando, "Terrifying Details of Thai Cave Rescue Revealed by Divers," Fox News, July 17, 2018, https://www .foxnews.com/science/terrifying-details-of-thai-cave-rescue-revealed

-by-divers.

9. Matt Gutman, Robert Zepeda, Andrew Paparella, Alexa Valiente, and Lauren Effron, "Thai Cave Rescuers, Who Sedated Boys, Coach to Get Them Out, Describe Harrowing Moment When First Boy Started to Come to During Rescue," ABC News, July 26, 2018, https://abcnews .go.com/International/thai-cave-rescuers-sedated-boys-coach-describe -harrowing/story?id=56823541.

10. Michael Safi, "'We Don't Know How It Worked': The Inside Story of the Thai Cave Rescue," *Guardian* (U.S. edition), July 14, 2018.

11. Wayne Drash and Susan Scutti, "As They Are Rescued, Focus Shifts to Health of Boys on Thai Soccer Team," CNN, July 9, 2018, https://www .cnn.com/2018/07/08/health/thai-soccer-team-health-impact/index.html.

12. Alina Eacott, "Thai Cave Doctor."

13. Amy Sawitta Lefevre, "'It Was Magical': Thai Boys Relive Their Discovery in Cave Ordeal," *Reuters*, July 28, 2018, https://www.reuters.com/article /us-thailand-accident-cave/it-was-magical-thai-boys-relive-their -discovery-in-cave-ordeal-idUSKBN1K808Y.

14. Pichayada Promchertchoo, "Thai Cave Rescue: Authorities Exploring Shorter Route to Stranded Team," Channel News Asia, July 5, 2018, https://www.channelnewsasia.com/news/asia/thai-cave-rescue-boys -monsoon-race-against-time-water-levels-10501090.

15. Michael Safi and Veena Thoopkrajae, "Thai Cave Rescue: Navy Seals Say Mission Came 'Close to Disaster,'" *Guardian* (U.S. edition), July 11, 2018.

16. Gutman, Zepeda, Paparella, Valiente, and Effron, "Thai Cave Rescuers."

17. James Hookway and Jake Maxwell Watts, "What Lies Beneath? Vague Mapping Complicates Thai Cave Rescue," *Wall Street Journal*, July 8, 2018.

18. Adam Carlson, "Behind the Secret Plan to Rescue Boys Trapped in Thai Cave: 'The Only Option Was Knocking Them Out,'" *People*, November 7, 2018.

19. 同上。

20. Alina Eacott, "Thai Cave Doctor."

21. Gartner, Inc., *Gartner Survey Analysis 2018*.

22. Warren Berger, "Why Curious People Are Destined for the C-Suite," *Harvard Business Review*, September 11, 2015.

23. Francesca Gino, Todd Kashdan, David Disabato, and Fallon Goodman, "The Business Case for Curiosity," *Harvard Business Review*, September 1, 2018.

24. Nathan Chan, "8 Differences Between 'Entrepreneurs' and 'Employees,'" *Entrepreneur*, January 22, 2016.

25. General Stanley McChrystal, "Spotlight: Changing the Way We Lead," interview by Scott Engler, *Talent Angle*, Gartner, Inc., February 18, 2018.

26. Kate Leto, "What the Heck is Self Awareness and Why Should You Care?," *Medium*, June 4, 2018, https://medium.com/the-ready/what-the-heck -is-self-awareness-and-why-should-you-care-4843ab6a7cfa.

27. Anjali Sud, "Being Vulnerable and Impatient at Amazon Prepared Me to Lead Vimeo," *Fast Company*, July 31, 2018.

28. 同上。

29. 同上。

30. Ed Catmull and Amy Wallace, *Creativity, Inc.: Overcoming the Unseen Forces That Stand in the Way of True Inspiration* (New York: Random House, 2014).

31. 同上。

32. Daniel Coyle, "Daniel Coyle," interview by Scott Engler, *Talent Angle*, Gartner, Inc., July 27, 2018.

33. Gartner, Inc., *Gartner Survey Analysis 2018*.

34. Barbara Bonner, "20 Qualities of the Generous Leader," *Huffington Post*, November 18, 2014, https://www.huffpost.com/entry/20-qualities-of-the -gener_b_6178960.

35. Yitzi Weiner, "'Be Generous with Your Time to Help Other People; Give of Your Time and Expertise: Leadership Lessons with Julie Tomich, SVP at American Express," *Medium*, September 26, 2018, https://medium.com /authority-magazine/be-generous-with-your-time-to-help-other-people -give-of-your-time-and-expertise-with-julie-f2dd852eed68.

36. Gartner, Inc., *Gartner Survey Analysis 2018*.

37. Alan Benson, Danille Li, and Kelly Shue, "Promotions and the Peter Principle," *National Bureau of Economic Research Working Paper no. 24343*, February 2018.
38. Gartner, Inc., *Gartner Survey Analysis 2018*.
39. 同上。
40. 同上。
41. 同上。
42. 同上。
43. Gartner, Inc., *A New Manager Mandate*.

第四章 员工联结：真正了解你的员工

1. From the memoirs of William Miller, an editor, quoted in *Life* magazine, May 2, 1955.
2. Gartner, Inc., *Infographic: Understanding and Managing the Millennial* (June 17, 2014). Internal report. Unpublished.
3. Nancy Lewis, "Two Memorials to be Shrouded in Scaffolding," *Washington Post*, November 30, 1991.
4. 同上。
5. Spokane Chronicle, "Lincoln and Jefferson Memorials Feeling Toxic Effects of Both Nature and Man," April 17, 1990.
6. Joel Glass, "5 Whys Folklore: The Truth Behind a Monumental Mystery," *Kai Zone*, August 19, 2014, http://thekaizone.com/2014/08/5-whys -folklore-the-truth-behind-a-monumental-mystery/.
7. 同上。
8. 同上。
9. 同上。
10. Paul J. Zak, "The Neuroscience of Trust," *Harvard Business Review*, January–February 2017.
11. 同上。
12. United States Institute of Peace, "What Is Active Listening?," https:// www.usip.org/public-education/educators/what-active-listening

(accessed March 7, 2019).

13. Harry Weger, Gina Castle, and Melissa C. Emmett, "Active Listening in Peer Interviews: The Influence of Message Paraphrasing on Perceptions of Listening Skill," *International Journal of Listening,* January 24, 2010.

14. G. Itzchakov, K. G. DeMarree, A. N. Kluger, and Y. Turjeman-Levi, "The Listener Sets the Tone: High-Quality Listening Increases Attitude Clarity and Behavior-Intention Consequences," *Personality and Social Psychology Bulletin* 44, no. 5 (May 2018).

15. Gartner, Inc., *Gartner Survey Analysis 2018.*

16. 同上。

17. Fran Hauser, "This Is My Secret to Giving Empathetic Criticism as a New Manager," *Fast Company,* April 23, 2018.

18. Denise Restauri, "Nice Women Finish First When They Ask the Right Questions," *Forbes,* January 7, 2016.

19. Stephanie Denning, "The Netflix Pressure-Cooker: A Culture That Drives Performance," *Forbes,* October 26, 2018.

第五章　团队联结：将成长变成团队共识

1. Aamar Aslam, "'None of Us Is as Smart as All of Us'—3 Lessons on Teamwork," LinkedIn, July 5, 2015, https://www.linkedin.com/pulse/none-us-smart-all-3-lessons-teamwork-aamar-aslam/.

2. Hell's Kitchen, "Day 1," Fox, May 30, 2005, created by Gordon Ramsay.

3. Patrick Lencioni, *The Five Dysfunctions of a Team: A Leadership Fable* (San Francisco: John Wiley & Sons, 2010). Deborah Ancona and Henrik Bresman, *X-Teams: How To Build Teams That Lead, Innovate, and Succeed* (Cambridge: Harvard Business Press, 2007).

4. Gartner, Inc., *A New Manager Mandate.*

5. Gartner, Inc., *Gartner Survey Analysis 2018.*

6. Gartner, Inc., *A New Manager Mandate.*

7. Sarosh Kuruvilla and Aruna Ranganathan, "Employee Turnover in the

Business Process Outsourcing Industry in India," Cornell University ILR School, 2010, http://digitalcommons.ilr.cornell.edu/articles/1096.

8. Scott Stump and Josh Weiner, "How This High School Soccer Coach Brought a Divided Town Together," *Today*, February 27, 2018, https://www.today.com/news/how-high-school-soccer-coach-brought-immigrant-town-maine-town-t123948.

9. Scott Thistle, "Lewiston Mayor Tells Somalis to 'Leave Your Culture at the Door,'" *Bangor Daily News*, September 27, 2012.

10. Bill Littlefield, "A Story of a Divided Maine Town, Somali Refugees and High School Soccer," WBUR, April 6, 2018, https://www.wbur.org/onlyagame/2018/04/06/one-goal-amy-bass-maine-somali-refugees.

11. Amy Bass, *One Goal: A Coach, a Team, and the Game That Brought a Divided Town Together* (New York: Hachette Books, 2018).

12. 同上。

13. Stump and Weiner, "How This High School."

14. 同上。

15. 同上。

16. Vernā Myers, "Diversity Is Being Invited to the Party; Inclusion Is Being Asked to Dance," American Bar Association GPSolo eReport, June 2012.

17. Gartner, Inc., *Gartner Survey Analysis 2018*.

18. Matt Valentine, "What Is Productive Conflict and Why Should You Care?," Goalcast, February 20, 2018, https://www.goalcast.com/2018/02/20/productive-conflict/.

19. Jim Whitehurst, *The Open Organization: Igniting Passion and Performance* (Cambridge: Harvard Business Review Press, 2015).

20. Ray Dalio, *Principles: Life and Work* (New York: Simon and Schuster, 2017).

第六章　组织联结：质比量更重要

1. Hippolytus, *Refutatio*, vol. 9, bk. 9, sec. 5.

2. Patrick Brossard, "User Profile," LinkedIn, https://www.linkedin.com/in

/patrickbrossard/(accessed February 1, 2019).

3. *Economist*, August 26, 2017, "Artificial Intelligence Will Create New Kinds of Work." Ben Rossi, "How Data Analytics Could Transform Your Business," *Raconteur*, December 11, 2018. Danielle Paquette, "Robots Could Replace Nearly a Third of the U.S. Workforce by 2030," *Washington Post*, November 30, 2017.

4. Gartner, Inc., *Reskilling the Workforce*.

5. Gartner, Inc., *Q1 2018 Global Labor Market Survey* (2018). Internal report. Unpublished.

6. Gartner, Inc., *2018 Shifting Skills Survey* (2018). Internal report. Unpublished.

7. Ryan Daly, "Lessons in Leadership from Four Fallen Heroes," *Medium*, May 27, 2016, https://medium.com/jet-stories/lessons-in-leadership -from-four-fallen-heroes-ba63cccb4453.

8. 同上。

9. 同上。

10. Adam Grant and Reb Rebele, "Beat Generosity Burnout," *Harvard Business Review*, January 2017.

11. Ryan Daly, "Lessons in Leadership."

12. Grant and Rebele, "Beat Generosity Burnout."

13. 同上。

14. 同上。

第七章　创建联结型公司

1. David Mermelstein, "Bell Epoque," *Wall Street Journal*, April 9, 2012.

2. Maria Konnikova, "The Six Things That Make Stories Go Viral Will Amaze, and Maybe Infuriate You," *New Yorker*, January 21, 2014.

3. Gartner, Inc., *A New Manager Mandate*.

4. Gartner, Inc., *The Decisive Candidate* (June 26, 2018). Internal report. Unpublished.

5. Gartner, Inc., *Building a Productive Learning Culture: More Learning*

Through Less Learning (August 19, 2015). Internal report. Unpublished.

6. Gartner, Inc., *The Digital Learner: Delivering an Effortless Learning Experience* (June 29, 2016). Internal report. Unpublished.

7. Ally Bogard and Allie Hoffman, "On Resilience: How Kat Cole Rose from Hooters Hostess to President of Cinnabon," *Forbes*, December 19, 2016.

8. 同上。

9. Catherine Clifford, "How Kat Cole Went from Hooters Girl to President of Cinnabon by Age 32," *Entrepreneur*, August 19, 2013.

10. 同上。

11. Bogard and Hoffman, "On Resilience."

12. David Egan, "Here Is What It Takes to Become a CEO, According to 12,000 LinkedIn Profiles," LinkedIn Talent Blog, June 11, 2018, https://business.linkedin.com/talent-solutions/blog/trends-and-research/2018/what-12000-ceos-have-in-common.

13. Gartner, Inc., *Gartner Survey Analysis 2018*.

14. Catherine Clifford, "How Kat Cole Went."

15. Anne Fisher, "Why McDonald's Might Be Training Your Next Great Hire," *Fortune*, November 8, 2018.

16. 同上。

17. Hilton, Career Planning Tips & Tools, 2017, "Managing Your Career at Hilton Worldwide," https://teammembers.hilton.com/careerpaths/careertipsandtools.php.

18. Hilton, Career Planning Tips & Tools, 2017, "Choosing the Right Career Direction," https://teammembers.hilton.com/careerpaths/careertipsandtools.php.

19. Hilton, Career Planning Tips & Tools, 2017, "Managing Your Career."

结论　成为超级联结型管理者

1. Deepak Malhotra, *Hungry People Better Results: Unleash the Fire Within to Win Continually in Life* (New Delhi: Bloomsbury, 2017).

2. Frank Kane, "Emirates Foundation Chief Champions 'Venture Philanthropy,'" *National*, March 31, 2015.

3. Gartner, Inc., *Gartner Survey Analysis 2018*.

4. Caroline McMillan Portillo, "Former Cinnabon President Kat Cole Replies to Every Tweet from Her 16.6K Followers. Here's Why," *Bizjournals*, March 2, 2015, https://www.bizjournals.com/bizwomen /news/profiles-strategies/2015/03/former-cinnabon-president-kat-cole -replies-to.html?page=all. Kat Cole, "User Profile," LinkedIn, https:// www.linkedin.com/in/katcole/(accessed January 28, 2019).

附录一 联结型管理者行动计划

做好准备

了解你的指导方式并学习成为联结型管理者所需的相关领导素质。

1. 完成"你是哪种类型的管理者"测试。与员工一同评估你的主要指导方式和培养方式。基于你的管理者类型，了解你的指导方式将会如何导致不尽如人意的结果。

2. 警惕可能的时刻待命型触发因素。无论你是哪种类型的管理者，都要注意可能导致你使用时刻待命型策略的触发因素。这些因素包括高压时刻、失控感骤升或潜在的冲突凸显等。要明白，有时你可能会对员工做出错误的假设。你需要通过提问来发现实际的绩效障碍。

3. 了解你作为一个指导者的长处和弱项。思考你所拥有的能为他人提供宝贵支持的技能、专长和专业知识，将指导的重点放在这些方面。评估你可能缺乏相应知识或技能的领域，在这些指导领域，你应该为员工寻找其他的发展联结。

4. 了解联结型管理者的领导素质。要想成为联结型管理者，你需要培养作为联结型管理者所建立的每种联结之基础的五种领导素质，即对人与创意的好奇心、挑战困境的勇气、透明度和自我觉察意识、向多方学习的开放心态和审慎的慷慨。可以回顾相应的步骤，在你的工作过程中强化这些素质。

员工联结：真正了解你的员工

通过诊断个人独特的发展需求并个性化你的指导和反馈方式，与你的员工建立联结。

1. **将识别作为重中之重。**为了帮助你的员工取得成功，你需要了解下属的需求、兴趣和志向。与员工建立信任的基础对于鼓励他们分享自己的想法至关重要。新学校创投基金的托尼卡·奇克·克莱顿会提出类似"我应该怎样支持你？"这样的问题并通过行动来表达信任，从而让员工意识到她非常愿意帮助他们取得成功。参考"最有效的联结型管理者问题"，通过提出问题来建立信任、了解员工的处境并给出解决方案。

2. **围绕人本身而非具体问题进行指导。**不要认为你每次都可以用同样的方法解决员工的同一种问题，要记住，员工的水平可能不同，对发展的准备程度也可能不同，要相应地调整你的指导方法，根据员工的接受程度，灵活地给出反馈和指导。可以参阅"易贝的成长准备框架"和"易贝关键指导时刻"。

3. **提供积极反馈，但做好提供严厉反馈的准备。**尽管应该用积极反馈对员工进行鼓励，但在必要时也不应回避给出严厉的反馈。提供积极反馈，但做好提供严厉反馈的准备。媒体高管弗兰·豪泽在提供反馈时，会将结果与人分开对待，以使批评更有成效但又不带有私人恩怨。提供的反馈要具体明确，以便员工清楚他们是在哪方面收到了反馈以及为何它如此重要。

团队联结：将成长变成团队共识

通过建立一种认可和鼓励同侪技能分享的氛围，将你的员工及其同侪联结起来，使他们共同发展。

1. **通过激励手段营造团队氛围。**了解能够对你的直接下属产生激励作用的事物，这对你的团队取得成功至关重要。可以将"团队激励因素评估"（第199页）作为模板，询问你的团队在工作中最能激励他们的因素。IBM的安妮塔·卡尔松 – 迪奥为了了解自己可以怎样为员工提供帮助，就曾询问如"是什么让你对上班感到兴奋？""IBM公司哪些方面还可以做得更好？""我们如何提高创新能力？"等问题。你可以将你的团队的激励因素与项目分配、重大事项沟通以及日常团队活动管理等方面相结合。

2. **识别并接纳个体差异。**鼓励团队中的个人分享他们独特的观点、背景和经历，从而建立团队互信、培养新技能并改善成果。同时可以通过鼓励团队成员分享新的观点和角度产生有价值的冲突。在做影响团队或组织的决策时，要吸纳团队内外的多方观点。此外，考虑与团队共同设置一项流程或模式来增强个体的归属感。

3. 让同侪技能分享成为惯例。 在团队中建立一种分享技能的氛围，以便员工有机会向同事学习。利用"一人一师"等方法为员工创造与同事交流知识技能的机会。在你看到同侪技能分享行为时，要认可并给予奖励。要注重识别和营造有益于在团队和组织中分享技能的创造性机会。

组织联系：质比量更重要

帮助员工向适合自己成长需要的个人学习并与之建立联结，寻求组织内外部的机会，完成员工指导和培养。

1. 成为方向引导者。 发现并利用像人力资源伙伴那样显性或隐性的关键联结点，他们可以帮你确定哪些技能在公司哪些部门适用。拓展你在组织内外的人际网络来帮助你的员工，考虑像休＆克里品牌的普拉纳夫·沃拉一样发展一些"友善的局外人"，为你的员工和同行公司、外部伙伴或客户建立联系。

2. 建立撮合和跟踪机制。 不要仅仅为员工介绍和建立成长联结后便不再过问。管理者要通过帮助员工思考他们想要从交流中获得什么，从而为他们做好交流的准备。在他们与对方完成沟通后，要再次和员工交流，共同回顾他们学到的内容以及探讨未来计划如何进行应用。

3. 以身作则，树立最佳联结样板。 管理者应在自己专长的领域提供指导，以便最大化指导的时间效益。为了避免分身乏术，管理者需要决定自己有多少时间可以用于指导他人并设定每周或每月的时间上限。同时要鼓励所指导的员工将他们的所学所感传达给其他人。管理者也可以主动为其他管理者的员工提供他们所需的技能指导，以此方式鼓励其他管理者向你学习。

附录二　测试：你是哪种类型的管理者

第一部分：指导和培养方式

1. 当你在对直接 / 间接下属进行指导和培养时，你通常采取如下哪种方式？（如果你常用的方式不在其中，请选择次优项。）

a. 我会利用自己的判断来确定直接 / 间接下属的发展需求，并亲自进行教授。

b. 我会为直接 / 间接下属制订详细的培养方案并提供经常性的指导和反馈。

c. 我会诊断直接 / 间接下属独特的发展需求，将他们与最合适的培养伙伴进行联结，并保证他们能从其他人处进行有效的学习。

d. 我会让直接 / 间接下属确认自己的需求并且鼓励他们参与到相应的发展机会中。

第二部分：员工相关

在如下你与直接 / 间接下属的指导和培养互动情境中，你通常会采取以下哪种方式？（如果你常用的方式不在其中，请选择次优项。）

2. 你如何确保你的直接 / 间接下属能够得到有关他们工作的最合适的反馈？

a. 我会利用我自己在特定工作领域的专长并提供基于经验的反馈。

b. 我会在直接 / 间接下属的所有工作内容上亲自给出频繁的反馈。

c. 我会在我力所能及的方面给出有针对性的反馈，如果不能，我会找到最合适的人来给出反馈。

d. 我会在直接／间接下属寻求反馈的时候给出反馈。

3. 你如何确认你的直接／间接下属需要指导和培养的领域？

a. 我会在观察到的行为基础上，通过我的判断来确认每个直接／间接下属最合适的发展需求。

b. 我会基于直接／间接下属的角色，对他们所有人使用统一的培养计划。

c. 我会通过与每个直接／间接下属就发展需求进行交流，识别他们独特的技能需求及其深层次的原因。

d. 我会让直接／间接下属自己确认自己的发展需求。

4. 你如何帮助你的直接／间接下属培养关键技能？

a. 我会基于个人的经验和技能对直接／间接下属进行指导。

b. 我会告知直接／间接下属所有可用的资源并帮助他们做出选择。

c. 我会针对每项技能需求，将直接／间接下属与合适的指导者和资源建立联系，并确保他们能从这些交流中有所收获。

d. 我会鼓励直接／间接下属寻找并参与组织内外的培训。

5. 你与直接／间接下属之间有关指导和培养互动的主动权是如何划分的呢？

a. 完全由我主导，直接／间接下属不能表达想法。

b. 大部分由我主导，直接／间接下属会表达一些想法。

c. 在某些程度上由我主导，大部分由直接／间接下属表达想法。

d. 并非由我主导，完全由直接／间接下属表达想法。

第三部分：团队相关

在如下你的团队中发生的指导和培养互动情境中，你通常会采取以下哪种方式？（如果你常用的方式不在其中，请选择次优项。）

6. 你会为直接 / 间接下属营造哪种团队环境?

a. 领导者引导型: 我试图建立权威, 使直接 / 间接下属总是首先向我汇报。

b. 非正式型: 我会花费大量时间在非正式的情境下亲自与团队交流。

c. 透明型: 我试图通过确保每个人都能与他人分享自己的学习目标来实现可见性。

d. 自主型: 我允许团队成员相互之间自由进行正式和非正式的交流, 基本不加以干涉。

7. 你如何确保团队成员之间会互相学习?

a. 我会在团队会议中传授团队所需的关键技能并留出提问时间。

b. 我倾向于帮助我的直接 / 间接下属向我一对一学习他们所需的技能, 而不是从团队其他人处学习。

c. 我会在团队会议中提供机会, 让他们在多方面进行相互学习。

d. 我假定团队成员在进行相互学习, 但我不会予以关注。

8. 你如何帮助直接 / 间接下属在工作中获得发展?

a. 我会在工作中提供与我自身经历相似的经验指导。

b. 我会为直接 / 间接下属布置挑战性任务并密切关注他们的进展。

c. 我会将员工与能够为他们提供发展机会的人进行联结, 并跟踪结果, 确保他们有所收获。

d. 我会鼓励直接 / 间接下属独自寻找并完成个人的挑战性任务。

9. 你如何建立团队成员中指导的问责制度?

a. 我会在确信某位员工能够达到我的指导要求时指定其为别人提供指导。

b. 我不会推行团队成员间指导的问责制度, 但我会确保自己在指导直接 / 间接下属时比其他人都更尽责。

c. 我会使团队相互分享各自的优势和发展领域, 并对有效指导行为给予肯定。

d. 我会鼓励直接 / 间接下属在他们认为合适的时候向团队成员提供反馈。

第四部分：组织相关

在如下你直接领导的团队以外发生的指导和培养情境中，你通常会采取以下哪种方式？（如果你常用的方式不在其中，请选择次优项。）

10. 你在自己并不擅长的领域如何帮助直接／间接下属培养相应技能？

a. 我会利用自己有关该技能的现有知识对直接／间接下属进行指导。

b. 我会试图掌握该技能而后对直接／间接下属进行指导。

c. 我会寻找合适的技能培养伙伴，将我的员工与之建立联结。

d. 我会让直接／间接下属寻找最合适的资源／指导来培养技能。

11. 你如何帮助直接／间接下属在组织中建立潜在的发展联结？

a. 我认为直接／间接下属全部的指导和培养都应该来自我。

b. 我认为直接／间接下属大部分的指导和培养应该由我负责，但如果需要，我也会指导他们向特定的人选寻求帮助。

c. 我会根据直接／间接下属当前和未来的技能需求帮助他们与发展伙伴建立联系。

d. 我会鼓励直接／间接下属在需要时寻找发展伙伴并建立联系。

12. 你如何确保直接／间接下属正在与他人进行有效的指导和培养互动？

a. 我会为直接／间接下属与其发展伙伴的指导互动做出规划。

b. 我会经常联系直接／间接下属了解近况，并且亲自参与指导互动。

c. 我会帮助直接／间接下属进行指导交流的准备，回顾他们的收获以及指导他们在工作中加以运用。

d. 我相信直接／间接下属以及他们的发展伙伴能够在我不干预的情况下进行有效的指导和培养互动。

13. 你如何告知直接 / 间接下属组织内现有的发展机会？

a. 我会基于组织和团队目标选择最合适的发展机会。

b. 我会告知直接 / 间接下属所有的发展机会。

c. 我会传达给直接 / 间接下属与当前和未来的需求和兴趣相关的发展机会。

d. 我会让直接 / 间接下属自行搜索最相关的发展机会并全力支持他们参与培训。

联结型管理者测试评分表

我的得分：

选项 a 个数：

选项 b 个数：

选项 c 个数：

选项 d 个数：

如何解读你的分数：

如果你大多选择 a：你是一个谆谆教诲型管理者。谆谆教诲型管理者会提供建议导向型的反馈，主导对员工的指导和培养，并基于自己的专长进行指导。

如果你大多选择 b：你是一个时刻待命型管理者。时刻待命型管理者会频繁给出反馈，把握员工的指导和培养方向，并提升员工多方面的技能。

如果你大多选择 c：你是一个联结型管理者。联结型管理者会提供有针对性的反馈，将员工与他人相联结以提供指导和培养，并会营造一种积极的团队氛围。

如果你大多选择 d：你是一个摇旗呐喊型管理者。摇旗呐喊型管理者通过正面的反馈给员工自主权，鼓励员工自我发展，采取不干涉的态度。

附录三 联结型管理者工具包

员工联结

将识别作为重中之重：
进行根源分析的管理者工具包 196

围绕人本身而非具体问题进行指导：
以员工为中心的培养交流指南 197

提供积极反馈，但做好提供严厉反馈的准备：
进行有建设性的反馈讨论指南 198

团队联结

运用激励因素来调整团队氛围：
团队激励因素评估 199

识别并接纳个体差异：
建立团队互信指南 200

识别并接纳个体差异：
员工"棒球卡"模板 201

组织联结

建立撮合和跟踪机制：
准备和复盘发展与成长对话的指南 202

创建联结型公司

联结型管理者面试问题样例 203

> 将识别作为重中之重：
> 进行根源分析的管理者工具包

使用方法：利用这些反思性问题来评估员工问题的潜在根源，并确保你不会做出任何错误假设。

知识　目标：评估员工是否缺少完成工作所需的关键信息。

·你已经掌握了胜任当前职位所需的所有信息和资源了吗？

·你知道你的职位应优先处理哪些事项吗？

·我是否对你的表现给予了足够的反馈？

技能　目标：确定员工是否缺乏技能以及他们如何缩小差距。

·你认为你的技能组合在多大程度上与当前职位所需相符？

·你在过去是否完成过类似工作？

·你有没有参与过公司举办的学习和培训活动？

动因　目标：深入挖掘并了解什么能对员工的日常工作产生激励以及工作之外他们有怎样的目标驱动。

·是什么促使你接受了这个职位？

·你认为你的职位最令人激动的方面是什么？

·你是否有志向在组织内取得成功？

·在工作之外有什么激励着你的生活？

事业　目标：发现员工是如何自我评价他们的长处和弱点的，以及为什么他们可能还未着眼于解决关键发展问题。

·迄今为止，在你的职业生涯中，哪些能力是你成功的关键？

·你目前的哪些技能会使你成为一个有力的外部候选人？

· 在你追求职业目标前，哪些发展差距是你需要弥补的？

环境　目标：发现项目管理、工作量、资源或沟通等方面的问题。

· 你感到很难平衡你的重要事项吗？为什么？
· 组织是否为你能够胜任自己的职位提供了充分的支持？
· 你是否能从组织内持续获得信息？

> # 围绕人本身而非具体问题进行指导：
> ## 以员工为中心的培养交流指南

员工发展准备程度评估

使用方法：选择一位直接下属进行这项评估，下列有关这位下属的陈述，在符合你的认同程度的框内打钩，记分量表见表下。思考如何更好地调整培养活动以适合员工的准备程度。

员工姓名：＿＿＿＿＿＿

	1. 不同意	2. 比较不同意	3. 一般	4. 比较同意	5. 同意
员工头脑中有清晰的职业目标或追求					
员工表达过发展特定技能的兴趣					
员工能够胜任当前职位					
员工能迅速将所学应用于工作					
员工状态很好，能接受更多培养					

发展准备程度评分:

发展准备程度记分量表:
19—25 分 通过有计划的轮岗、新的角色经验或提拔来进行指导和培养。
12—18 分 通过挑战性项目或任务进行指导和培养。
5—11 分 在该员工当前职责范围内进行指导和培养。

提供积极反馈,但做好提供严厉反馈的准备: 进行有建设性的反馈讨论指南

使用方法:在给出建设性反馈时,讨论应开诚布公、基于事实且具有前瞻性。运用模板中的启发性问题进行自我反思并为与直接下属的建设性反馈讨论做准备。

讨论方式	谈话前的准备问题	谈话后的反思问题
开诚布公	· 我为什么要给出这一反馈?我是否已准备好给出能够帮助直接下属的反馈? · 我如何进行一场开诚布公且积极正向的讨论? · 我如何确保谈话是双向的?	· 我是否让员工与我交流了他们表现上的不足之处? · 我是否认真听取了员工的表达并将其纳入了我对情况的分析中?
基于事实	· 我能否指出关于员工表现方面的优势和问题的一些明确的例子? · 如果员工表现方面的问题已经形成某种模式,我该如何解释? · 我如何解释无法达到绩效标准对团队和组织造成的后果?	· 我是否解释了员工的长处如何给他们的绩效带来了正面影响? · 我是否描述了员工行为对团队和业务产生的影响?

续表

讨论方式	谈话前的准备问题	谈话后的反思问题
具有前瞻性	· 针对员工表现上的不足之处，我能给出怎样的具体措施？ · 我如何鼓励员工避免未来犯错误？ · 员工怎样才能利用性格优势改进表现上的不足之处？	· 我是否解释了如果员工改变他们的行为会带来怎样的效果？ · 我是否和员工一起明确了接下来的步骤从而解决了前期错误造成的问题？

运用激励因素来调整团队氛围：团队激励因素评估

使用方法：下面的 50 个关键词是在工作中常见的能够激励员工的因素，请利用它们来评估你的团队特定的激励因素。请将这份清单发给员工，让他们选出最能激励自己的前五项内容。

1. 成就	11. 挑战	21. 同理心	31. 慷慨	41. 原创
2. 准确	12. 同情	22. 热情	32. 成长	42. 力量
3. 冒险	13. 竞争力	23. 平等	33. 诚实	43. 精准
4. 野心	14. 一致性	24. 卓越	34. 幽默	44. 可靠 / 惯例
5. 志向	15. 控制	25. 专业	35. 独立	45. 安全
6. 真实性	16. 创造力	26. 公平	36. 创新	46. 结构
7. 权威	17. 决心	27. 信念	37. 才智	47. 团队合作
8. 平衡	18. 勤奋	28. 专注	38. 道德满足感	48. 旅行
9. 归属	19. 多样性	29. 自由	39. 开放	49. 差异性
10. 平静	20. 效率	30. 新鲜	40. 命令	50. 愿景

准确地记录每个员工的反馈选择，然后将结果汇总呈现给整个团队，在此基础上，

帮助员工了解哪些驱动因素能够有效激励团队中的其他人。

与员工进行有关团队激励因素的讨论时，以下建议通常能够激发更多的积极且富有建设性的对话：

· 关于我们的团队，这些激励因素能体现哪些关键特性？

· 分享一个不在你所选择的前十项内容中的影响或激励你的因素。

· 在我们当前的工作中，哪些挑战或障碍使我们难以有效激励或驱动团队？

· 要想提高整个团队的积极性，我们应该做些什么？

识别并接纳个体差异：
建立团队互信指南

建立团队互信的 8 个原则

1. 明确每个成员不同视角和观点的重要性。 重申团队正在为之奋斗的共同任务和 / 或目标，表明每个团队成员都将为完成任务贡献价值。

2. 积极引导员工投入。 坦承单纯基于你个人视角做出相应决策的局限性，将团队工作作为一个共同学习和成长的机会，以此改进决策。

3. 积极聆听并培养好奇心。 关注团队的讨论并将问题进行梳理和重新表达，从而确保你理解每个团队成员的意思。

4. 避免先入为主。 确保你的表述和对他人表述的回复都不是基于假设，也要帮助团队成员避免做出假设性表述。必要的时候旗帜鲜明地提出需要澄清的问题。

5. 主动调整期望值。 找出影响联结的隐患或者可能导致脱节的关键点，如截止日期要求、资源限制、有冲突的日程安排或不同的观点等。可以根据需要安排专题会议，以确定相冲突的重要事项优先级的取舍和选择。

6. 尽早并经常让批评者参与沟通。 识别出那些质疑包容性的价值的人，或者拒绝包容能带来更好绩效的想法的人。确保那些持不同观点的人有机会表达并受到尊重，同时也要引导他们尊重并考虑其他人的观点。

7. 对团队交流进行保密。 在交流开始之际，要确保大家对于能够在团队外公开分享的内容达成一致。每个发言的人在分享内容或观点时，要保证其发言受到严格保密。

8. 认可好的行为表现。在每次会议开始时，对团队因相互包容而取得的某项成就表示认可，并推动外界对团队的认可。

识别并接受个体差异：
员工"棒球卡"模板

使用方法：将这份模板发给员工以建立"棒球卡"，用来表明他们的优势、发展领域和动力。员工可以和团队中其他人分享自己的"棒球卡"信息，从而建立对个体差异的认识。以下为示例。

[员工姓名]

个人简介 ＿＿＿＿＿＿

写一段个人简介，可包括：

· 家乡
· 教育
· 经历
· 兴趣

作为团队成员的优势

思考你在团队中的优势并列出。例如：

· 良好的倾听者
· 细节导向
· 井井有条
· 有同理心
· 积极向上

作为团队成员需要精进的领域

思考你需要精进的领域并将其列出。例如：
- 沟通技巧
- 量化推理
- 时间管理

目标

写下你作为团队成员的个人目标。例如：
- 更加坦诚地对待队友
- 学习一项新技能
- 在团队讨论中做出更多贡献

我经常扮演的角色

思考你在小组中经常扮演的角色。例如：
- 讨论的推动者
- 故意持相反意见的人
- 团队激励者

建立撮合和跟踪机制：
准备和复盘发展与成长对话的指南

使用方法：利用以下这份交流计划样例和启发性问题，帮助员工做好个人发展联结准备。在发展与成长交流对话完成后，利用讨论后的启发性问题，帮助员工回顾和反思有了怎样的收获。

联结前对话交流

涉及的要点	启发性问题
· 联结对话中涉及的技能或知识上的差距	· 你在交流中能够利用哪些经验、知识或见解？
· 会谈过程中要问的问题	· 你准备了哪些问题？
· 潜在的挑战	· 你会对联结方的想法和意见提出怎样的问题？
· 预期的成长与发展结果	· 你如何记录自己在这些会面中的收获？
· 员工能提供的回报	· 你计划和他们以怎样的频率见面？
· 进度的时间安排	· 你会要求怎样的反馈？

联结后对话交流

启发性问题	可以考虑的自我反思问题
· 你在这段经历中最大的收获是什么？	
· 明天你将做出怎样的改变？	· 我的直接下属对这次经历有怎样的反应？
· 使你最惊讶的是什么？	· 我的直接下属是否收获了自己所需要的？
· 基于此次发展联结，你的后续措施有	· 我在促成此次联结过程中哪里做得好？
哪些？	· 是否可能有其他人更适合？
· 你还需要解决哪些方面的发展问题？	· 此次经历会如何改变我的直接下属在团队中的
· 你如何将自己的收获转达给团队中的	影响力？
其他人？	· 我从促成这次联结的过程中学到了什么？

联结型管理者面试问题样例

行为

1. 请和我分享你没有找主管或正式的导师，而是从同事那里获得建议或指导的一次经历。结果怎么样？（这个问题旨在确定候选人在个人成长中是否重视来自不同视角的建议。）

2. 描述一件你不擅长的事。（该问题用于揭示自我意识和透明度。）

3. 举一个你认为受到榜样指引的例子。（该问题能够探出候选人希望自己成为怎样的榜样。）

4. 能否描述一次失败的经历？你在之后做了什么？（该问题能表现出候选人是否能够自我察觉到需要做出改变，以及他们是否能在充满挑战的环境中保持勇气。）

5. 你是否能举个例子，说明倾听或提问让你获取了某些信息并改变了你的看法？（这个问题测试候选人是否对他人和新想法有好奇心。）

管理员工

1. 告诉我一个你分析出员工存在意料之外问题的例子。你对该员工进行了怎样的询问？你如何使该员工对你坦诚以待？（该问题评估了候选人是否能够判断出员工的需求以及问出合适的问题。）

2. 请和我聊聊你目前正在管理的团队。员工的动力来自哪里？你如何对此进行挖掘？（这里给出的答案应表明候选人充分了解每一位员工，能够在此基础上塑造大环境。）

3. 请举出一个你利用团队内不同的背景、经验或意见来取得更好的结果的例子。（该答案能说明候选人是否能够驾驭多元化的团队。）

4. 当你意识到自己并不具备某位下属需要学习的一项技能时，你是怎么做的？你如何帮助他获取所需指导？（这个问题能够评估候选人对自己的了解程度以及让下属获得最佳成长联结的能力。）

5. 你能讲述一个在你职责范围外为直接下属或组织内其他员工提供帮助的事例吗？（该问题用于表明对指导的投入程度以及为员工利益着想的意愿。）

致　谢

主要贡献者

尽管封面上只有两位署名作者，但和我们的大多数研究项目一样，本书是团队合作的产物。首先要介绍的是来自高德纳的四位同事，是他们和两位作者的共同努力促成了此书的出版。

露西·柯伊尔

露西在此书撰写过程中一直是莎莉和杰米的重要合作伙伴。她讲故事的才能和创造力对此书的许多章节意义非凡。露西帮助我们以前所未有的速度组织故事、发现新鲜有趣的视角，并且用最精准的语言表达出我们的想法。露西同时担任研究项目的高级负责人，领导了开创性研究"新经理人使命"（A New Manager Mandate）的定性研究部分。她帮助撰写了许多公司的原始案例，并为我们后续有关联结型管理者的研究做出了很大贡献。目前，露西在密歇根大学攻读工商管理硕士学位。

德鲁·考特

德鲁是此书撰写团队的关键成员之一，他总能在小组会议中带来新的见解。他负责所有辅助研究并帮助我们添加尾注，他负责处理和管理复杂、丰富的调研数据，从而保障我们的计划稳步推进。德鲁也就联结型管理者这一主题开展了一些新的研究、撰写了一些文章，这也为此书提供了相应的参考。德鲁目前是研究团队的专家，主要关注的领域是领导力和关键技能。

劳伦·史密斯

劳伦是开创性研究"新经理人使命"课题的研究负责人，她协助开发和测试了联结型管理者建立的三种联结，她也是联结型管理者模型基本思想的最初提出者之一。劳伦有高超的人员管理技能，强大的逻辑和理性能力，也有在任何情况下保持镇定的能力，这些品质为联结型管理者研究的起源以及她在公司任职期间领导的许多其他研究奠定了成功的基础。劳伦因乐于交流思想且有能力厘清复杂的研究问题而受到许多研究人员的推崇。如今，劳伦担任人力资源部门的副总裁，领导有关招聘和人力资源技术主题的研究。

詹姆斯·阿特金森

詹姆斯是开创性研究"新经理人使命"的研究总监、调研负责人和定量分析负责人。他参与了联结型管理者模型的最初提出，同时也是确定全部四种管理者类型的主要推动者。他担任研究项目的执行项目经理，帮助撰写了原始研究报告，并领导定量分析团队对我们的工作给予了极大支持。对联结型管理者的研究以及此书后续写作的完成都离不开詹姆斯强大的研究和管理技能。如今詹姆斯是人力资源部门的副总裁，领导着一个庞大的定量分析团队，专注于人力资源主管相关的一系列研究主题。

诚挚感谢

除了此书的主要贡献者，我们还要向许多个人和组织表示感谢，没有他们的付出和支持，此书是无法完成的。

首先，我们非常感谢杰奎琳·墨菲和希瑟·彭伯顿·利维。杰奎琳是我们的合作伙伴和编辑，她帮我们塑造、改进和完善了书稿内容。希瑟指导我们如何写好一本书（而不是一篇研究报告），并在此书的写作过程中提供了关键的想法和建议。我们也要感谢安德鲁·斯彭德对高德纳图书项目的持续支持。

其次，我们要感谢我们高德纳的研究小组成员，他们完成了初始研究，对此书的成功有着巨大贡献。塔林·奥哈希和斯瓦戈塔姆·巴苏在分析中展现了思想上的领导力和卓越的定量分析才能，并且在我们挖掘细节遇到困难时从不轻言放弃。他们与格洛丽亚·黄浦紧密合作，为原始案例研究提供了很大帮助。我们还要感谢与我们共同进行此次研究的高德纳前研究员米歇尔·弗洛姆和南森·凡·阿克尔普利斯特。

　　高德纳副总裁、顾问奥德利·泰勒从一开始就参与到了关于联结型管理者的研究中。奥德利帮助我们塑造了联结型管理者的故事，并在世界各地的会议上向我们当前和潜在的客户呈现了这些故事。金伯利·西尔斯则继续在视频会议和研讨会中向客户讲述这些故事。高德纳的人力资源咨询部门每天将我们的研究成果交给客户，以促使他们在执行关键事项时使用我们的研究成果。

　　我们也对为书稿提供指导和反馈的高德纳的许多领导致以诚挚的谢意。我们尤其要感谢杰出的副总裁、顾问以及《挑战者销售》和《挑战者顾客》两本书的作者布伦特·亚当森给出的建议和反馈。我们也要感谢高德纳杰出的研究副总裁彼得·亚肯斯，他对早期的几版书稿给出了令人深思的反馈意见。高德纳劳动力发展部门总监伊娃·弗拉赫第也为书稿中的关键章节提供了有价值的人力资源方面的见解。

　　如果没有联结型管理者和人力资源主管与我们分享他们的故事，此书是无法成形的。埃森哲的艾莉森·卡普洛、新学校创投基金的托尼卡·奇克·克莱顿、休 & 克里的普拉纳夫·沃拉以及布兰迪·泰森都向我们讲述了各自的联结型管理者经历。我们也要感谢安妮塔·卡尔松－迪奥、帕特里克·布罗萨德、斯图亚特·阿斯布里、杰森·特鲁吉洛，以及来自 IBM 的伊琳娜·佩里兹·莫雷诺、来自易贝的莱西·罗伯森、近日从南方太阳酒店集团退休的史蒂夫·豪厄尔、来自欧拉克的金伯利·布林加斯、来自 Amdocs 公司的埃纳特·皮洛斯基、来自英特尔的金妮·格雷、来自史密夫·斐尔律师事务所的安德莉亚·贝尔、来自财捷集团的尼克·迈利、来自帝斯曼（DSM）的利兹·麦凯和来自乔治城大学的迈克尔·奥莱利。

我们还要感谢版权代理人吉尔·玛索对我们从创意设计、写作到出版全过程所给予的支持，以及 Portfolio 出版社的编辑考希克·维斯瓦那。

最后也是最重要的，我们要感谢家人在整个写作过程中（我们也在兼顾日常工作）所给予的爱和支持。

杰米要感谢他的妻子安妮的支持和鼓励，以及女儿艾玛、玛尔戈和阿黛尔在他写作此书的每个深夜和周末给予的鼓励。

莎莉要感谢丈夫杰德在创办自己企业的同时对家庭的付出和对自己的支持，以及儿女亚里克斯和凯拉在母亲夜以继日写作此书时表现出的关爱、耐心和鼓励。

译后记

当我第一眼看到原书的时候，我就被作者的观点深深吸引并一口气通读了全书。

作者用翔实的调研数据和朴素平实的语言，阐释了困扰企业经营管理者的问题。在这个复杂多变、不确定性成为新常态的VUCA（易变性、不定性、复杂性与模糊性）时代，也是数字化和智能化浪潮逐渐深入社会、经济和生活的方方面面的新时代，无论是企业还是公共组织，均面临着不以企业意志为转移的时代命题，即如何通过提升管理者的领导素质，深层次挖掘组织的确定性，以奠定企业应对复杂环境的组织能力。

在此书中，作者基于全球知名企业翔实的调研数据和深度鲜活的案例访谈，将管理者分为四种类型，分别是谆谆教诲型、时刻待命型、联结型、摇旗呐喊型，同时提供了测试工具以帮助管理者确定自己所属的类型，并提出了成为联结型管理者的进阶建议。作者在书中旗帜鲜明地指出：只有做到员工联结、团队联结、组织联结，才能实现业绩更好、敬业度更高、效率更卓越的团队建设，从而实现联结型企业建设，帮助企业打造应对当下和未来持续发展的组织能力。作者基于丰富的案例和深入的数据调研，通过平实的语言和丰富的实践经验，深入浅出地对联结型管理者的特质、价值、成长路径以及评估工具等进行了完整阐释。

用友公司过去 32 年间专注于企业服务领域，已经服务了超过25 000 家中国和全球大型集团企业，在帮助中国企业实现人力资源管理数字化转型的过程中，我们对作者的观点深有同感，中国优秀企业的实践同样验证了作者的观点。首先，借助数字化工作场所构建员工赋能平台，帮助主管与员工建立紧密的联结关系，使主管围绕组织目标和团队目标与员工持续进行沟通和协作，帮助员工基于当下工作需要和未来的成长与发展进行持续的技能提升，即作者所说的团队联结。其次，基于数字化的人力资源运营，提供卓越的人力资源服务，帮助企业建立组织联结，即以"契合企业战略、持续创新发展、提升组织绩效、促进团队协作、生态共荣"为核心的组织级能力提升平台。最后，通过大数据、社交网络应用、劳动力分析与规划等科技创新，构建数字化人力资源决策平台，帮助企业在优化业务流程和人才管理体系的同时，前瞻性地提出支撑组织的人才队伍建设策略和行动计划，帮助企业持续激活组织以适应不确定性和复杂多变的商业环境，并进行相应的商业模式创新。

因此，大量企业实践印证了，需要将赋能员工作为一种机制和管理理念来看待，这也是此书作者提到的员工联结和团队联结的思想体现，通过赋能员工实现组织的激活或者组织联结。企业人力资源管理转型与变革的核心是，构建联结型组织或企业，建立以赋能员工为核心的人力资源管理机制，促使员工深度参与，充分挖掘经理人激发每一个独立个体和团队的联结效应，全面建立员工联结、团队联结和组织联结，将组织中每一个个体和团队激活，进而激活组织，构建适应动态不确定性的组织级能力。

作为人力资源管理数字化的从业者，我们十分荣幸为中国企业提供的数字化解决方案能够与全球的实践接轨。作为翻译团队，我们为能够第一时间深刻理解作者的思想精髓，并将作者的观点呈现给更多的中国企业家和人力资源从业者而深感荣幸。

感谢翻译团队成员金畔竹、王泽禹、白艺茹。恰逢疫情肆虐的特殊时期，团队成员放弃了自己的休息时间，认真思考、反复研讨、多方查证以全面理解作者的思想精髓，字斟句酌地翻译、推敲每一个词汇，以图将作者的观点忠实、完整地呈现给读者。在确定相关术语的过程中，我们也反复思考使用哪个译名才能既不失作者的本意，又能够直观易懂。例如，四种管理者类型的名称，之所以最终确定这样翻译，是基于两个考虑。一是，作者在书中对四种类型是客观陈述而不是厚此薄彼，这四种类型是根据调研数据和客观分析得出来的。因此，选择相对中性、不带有明显倾向性的词语更能表达作者的原本意图和此书的思想精华。二是，基于中国读者的阅读习惯和企业人力资源管理的实践，我们选择了更通俗易懂的词汇，这也与作者平实的行文风格是一脉相承的。

感谢此书策划者毛鹏飞，是他克服重重困难，协调作者、出版社、翻译团队，调动内部资源，充分保障了该书的快速面世。感谢用友公司 CEO 陈强兵、高级副总裁王健、高级副总裁杜宇、副总裁郭金铜、助理总裁李凯、数字人力事业部市场经理邵青等领导和同事对此书的出版提供的指导与大力支持。

感谢读者朋友的认可，受限于我们的知识、能力和时间，疏漏和错误之处在所难免，恳请读者朋友提出宝贵意见。

谨以此书献给奋进在人力资源管理转型和发展浪潮中的中国企业家与人力资源管理从业者。

张月强

用友网络科技股份有限公司副总裁